李洋 著

丘山红蘖

近体诗卷

北方联合出版传媒（集团）股份有限公司
万卷出版公司

ⓒ 李洋 2020

图书在版编目（CIP）数据

丘山红蕖 / 李洋著. —— 沈阳：万卷出版公司，
2020.12
　ISBN 978-7-5470-5478-9

Ⅰ.①丘… Ⅱ.①李… Ⅲ.①诗集-中国-当代
Ⅳ.①I227

中国版本图书馆CIP数据核字（2020）第183774号

出 品 人：	王维良
出版发行：	北方联合出版传媒（集团）股份有限公司
	万卷出版公司
	（地址：沈阳市和平区十一纬路25号　邮编：110003）
印 刷 者：	辽宁鼎籍数码科技有限公司
经 销 者：	全国新华书店
幅面尺寸：	145mm×210mm
字　　数：	390千字
印　　张：	19.25
出版时间：	2020年12月第1版
印刷时间：	2020年12月第1次印刷
责任编辑：	朱婷婷
责任校对：	张兰华
装帧设计：	范　娇
ISBN 978-7-5470-5478-9	
定　　价：	58.00元
联系电话：	024-23284090
传　　真：	024-23284448

常年法律顾问：李　福　版权所有　侵权必究　举报电话：024-23284090
如有印装质量问题，请与印刷厂联系。联系电话：024-85908302

代序

一片冰心赋潇湘

——读李洋的《丘山红蘖·近体诗卷》

徐剑

《丘山红蘖》诗集,放在我案头,有些时日了。写作之余,我会翻翻,偶尔也会择诗哼吟几句,觉得清新、刚健,诗如其人,复原了我对作者李洋所有印象,一个清纯之词可括。作者偶尔微信,催我作序,却令我有几分惶惶。为旧体诗集作序,跨界似乎太大了,且有点笔力不逮之嫌。

中国是一个诗歌古国、大国,从诗三百始,开创人类诗歌的元年。诗记史,史入诗,诗中有画,画中有诗,或寄情田园,或吟啸山水,或赋情别绪,或记事边关,可以说将人类诗歌推至了一个登峰造极之境,俯瞰世界诗学千载。格物致知,物我化一,中国诗歌血脉奔突于华夏文明躯体之中,秦风、燕风、卫风、晋风,古诗十九首,直至唐诗宋词,凡有井水处,有烟火处,便有诗。妇孺童叟多会吟诗,故泱泱中华,其实就是诗歌中国。每个人的生命记忆中，都能从诗歌领地中，寻找到生命的原乡。

然，在诗歌中国这条大河，从诗经发轫，有趣的是，以短歌行世，先为四言，吟啸好多个世纪，到了古诗十九首，以民谣情歌形式出现，汉诗格局大开。仅仅在四个字之上，多了一个字，仍保持雅正之美，简洁洗练，更讲究平仄与韵律，铿锵之声犹在。内容却上承诗三百的诗性脐血，掀起中国诗歌又一个小的高潮。后孟德父子以短歌行，苦吟人生，造造建安风骨，雄强遒劲，睥睨九州，更有一种殿堂气象浮冉。魏晋交替，竹林七贤之吟，躲世山林，踽踽独行，多为雅正之诗，反叛中寄情山林，避世之吟风雅颂，终于等到陶令公归去来兮，歌赋田园，一首首田园诗将魏晋放逸推至了一个高峰，为后来诗歌盛唐时代降临，作了历史性的铺陈。于是，中国五言短诗，推至大唐，有七绝、七律、七古横空，仅在字数上增加了两个字，却将中国的格律诗演进至物我化一之境，俨然一座诗歌的珠穆朗玛横空，令后世高山仰止。毋庸说，唐诗之后无格律，宋词之后无慢词，元明清以继，古诗中国的盛景不再，仅剩一缕幽魂与余韵，在士大夫和读书人中延续。

庚子年仲夏，我从西藏采访归来，意外收到一部格律诗集《丘山红蕖》,吟者为小友李洋,请我作序,令我大为意外。

李洋者,晋人,二十世纪八十年代生于山西大同,长于古郡云中,斯地佛堂洞窟,北魏城池,大千世界,唯佛眼不睡,皆现三晋上古气象。人生于斯长于斯,幸哉,必沐天风佛雨,行宽厚慈航。与其相识,是空军一次文学培训班,彼时,我去讲课,课间休息时,他上前加了我的微信。以后虽见面不多,可是逢年过节,总会有其诚挚地祝福和问候,我知其为空军一个连队指导员,在八达岭外一座空军雷达站度过青春岁月,后入津门,入楚,最终解甲三湘。笃学尚行,止于至善,其人其文,便有塞上秋风与潇湘雨夜的清凛与湿润。从此,我对李洋在文学上充满了期待。后有消息传来,说他转业归楚地,随戏剧博士的妻子去长沙,成为湖南姑爷,在岳麓山下一所大学里安妥自己灵魂与余生。

李洋蛰伏湘地数载,随妻教女,想必是举案齐眉,其乐融融,我以为那颗跳荡的文学之心,随晋人南行,将淹没于湖湘世相,趋于沉寂。可是一部《丘山红蕖》,则让我看到一颗诗心律动。蕖者,莲也,芋也。芙蕖则为莲花,蕖藕,则为莲藕,红蕖则为红芋之根。王念孙注疏,"芋之大根曰蕖,蕖者,巨也,或谓之于芋魁,或谓之莒。"李洋《丘山红蕖》,我理解,非吟莲之作,而是吟啸丘山一株红芋根,其名甚古,其芋虽无名，付之故里丘山，恰好印证了李洋的一颗不泯诗心。

对人生而言，诗心不死，何其幸哉，然而，择格律诗以抒情怀，于一个80后少者，吟诗填词，其心至诚，高古典雅，其情可感，性灵之吟，堪空谷幽兰。但格律诗的巅峰时代已过，后人再吟，终难望其项背，鲜有突破。我观李洋诗作，先验其是否失律。对于格律诗人而言，此乃入中国皇皇古诗殿堂的门票。若无平水韵、新韵为基准，四声混沌，平仄不识，遑论对仗押韵，音律之美。而李洋《丘山红叶》令我讶异，首首合律，句句平仄铿锵，意境大开，可诵，可吟，可唱，可兴，可观，朗朗上口。此关一出，太行流云，湘水文润，读之便气象八荒，对于一个年轻诗人，古诗修养之深，实在难能可贵。

李洋的旧体诗作，内容大致有丘山望乡、边营鼓角、红叶湘水、风铃岁月四篇，诗二百首有余，多为五言、七绝，为其所擅长。于一个三晋游子而言，少年从军，浪迹塞外，楚地羁旅，湘江终老，塞上秋风故乡魂牵，吟乡，吟月，寻故，寻幽，观山，揽云，返故里，神游胜景，问道凭栏，无限江山，且将他乡当故乡。虽为寄情之作，比兴之诗，诗里有家国情怀，更有风花雪月，有的绝句诗眼迭出，佳句不绝于卷。如写太白的高蹈而歌,"庐山一顾随风去,长恨江心万里涛,"颇有谪仙还魂;吟岳王亭"两岸烟云应有尽,银河一顾满天星",更有工部遗风;叹燕山秋夜的七律,"风吹岸柳飘寒絮,霜染瓜田起夕烟",让人想起了容若情怀。此不一一列举,但李洋诗心,可窥一瓣。

诗言志,亦为性灵之书,古人皆称太白斗酒诗百篇,堂上赋诗接龙,以酒酬宾,诗性天纵,此为古代生活方式。今有手机浅吟,节假日之余,风花雪月,应筹于师长亲人故旧之间,是为电子时代。我知李洋好酒,故他的格律诗,皆淌着酒神豪情。因其古律字数有限,其短,其简,其约,其古,其雅,便成了世相相交相托的渠道,故官家学界至宿或者少年,皆以写格律诗为荣为尊为乐,但成大器者,寥寥无几,不懂韵律的三脚猫比比皆是,但中国古诗之河,浩浩汤汤,思幽古怀情的亦大有人在。

然,民国以降,格律诗渐远,已经不是社会书写的主流,像《饮水词》一样,闾巷童叟妇孺皆诵,凡有人间饮水处,必吟饮水词,已成昨日黄花。古诗中国,实则已经衰亡。文人墨客,士大夫者,吟古律而成大家气象,独聂绀弩一人耳,彼俚语入诗,白话近雅,颇得白居易遗韵,嬉笑怒骂,皆成七律佳作。

李洋还很年轻,年方四十,写格律已入不惑之境,假以时日,只要拓展体裁,往雅白深处深耘,深信他在古律诗的吟啸上,会走得更远。一片诗心照潇湘,可期,可见。斯为序。

2020年11月7日
写于怒江途中

目录

第一辑 丘山

月夜怀乡…………003	老屋…………014
回乡感怀…………004	唐河…………015
故乡冬日…………005	望乡…………016
冬日有怀…………006	陌上月…………017
腊月思…………007	过平型关…………018
长亭独饮…………008	太行北望…………019
临窗怀望…………009	同窗叙旧有怀…………020
农庄…………010	城北雅聚…………021
春日感怀…………011	晨起赴沙涧上坟…………022
太行山…………012	师生城东小饮…………023
平型关…………013	

第二辑 边营

秋日登高…………027	李太白…………028

延庆赠别……029	忆毛公……045
北望有寄……030	边关忆友人……046
岳王亭……031	月夜寄妫川兄弟……047
夜登牛山……032	再谒岳王亭……048
驿道归来……033	离别……049
营地年关……034	秋雨声声……050
谒抗战烈士……035	路遇老战士攀谈随感……052
战斗归来……036	秋夜忆雷达站后作……053
谒无名烈士墓……037	侠客行……054
西北行……038	过七十三军墓偶占……055
社庆三首……039	过岳王亭偶占……056
谒岳王亭……042	初至陈州赠鹿明兄……057
秋日拉练……043	麓山悼国忠……058
江畔怀支……044	悼陈赓大将……059

第三辑　红藁

燕山秋夜……063	夜宴湘江……064

古寺祈福……065	深秋北望……072
春日登高……066	麓山寺为母祈福后作……073
置年货思儿……067	十月廿六夜吊重慈……074
仙恋……068	祭妻外祖母……075
幽谷独酌……069	闻母疾后作……076
居京时感……070	江岸暮雨……077
夜雨北望……071	孟夏悼姑母……078

第四辑　风铃

中秋夜八首……081	仙子……096
观琴感怀……089	白沙古井……097
胜日初游……090	岭北偶遇……098
重阳登高……091	无题……099
月夜煮茶……092	晴日放生二首……100
尚书房雅集……093	年关雪……102
归乡闲居……094	咏梅三首……103
闲步江畔……095	采茶晚归……106

月下听曲……107	湖畔行……123
越剧《钗头凤》观后……108	岳麓书院……124
春日郊游……109	长沙逢万兄……125
寻觅……110	赠熙卿兄……126
深谷行……111	秋日同诸友空中赏月……127
夜游桃子湖……112	清泉湾望月……128
江岸怀古……113	月夜感怀……129
小乔……114	登高有怀……130
过贾谊故居作……115	西山寻幽……131
吊湘妃……116	夜怀左宗棠……132
登岳麓山有感……117	尚书房听琴……133
山前秋雨……118	杂感四首……134
江上怀古……119	春游六首……138
秋日书院行……120	湘西行……144
冬日偶感……121	凤凰古城……145
半坡闻琴……122	春日杂咏四首……146

春夜雨晴	150
春游平江	151
香干子	152
白萝卜	153
垄上秋声	154
臭豆腐	155
百果园	156
麦子洲赏油菜花有感	157
山居	158
湘江晚占	159
夏夜有思五首	160
炎日小记	165
麓山行	166
湖畔行	167
乡间行	168
靳江河	169
过麓山寺作	170
山行偶遇茶屋	171
徐渭	172
晨起登岳麓山作	173
醉望星空	174
湖心赏荷	175
巴陵道中	176
郊游寻人不遇	177
车行宝庆府	178
社庆有怀二首	179
云麓行	181
湘南行	182
夜梦苗寨后作	183
参观南湖革命纪念馆	184
夜游嘉兴南湖	185
夜雨话北	186

游爱晚亭……187	东方红广场吊毛主席……207
游橘子洲灯彩嘉年华……188	独饮问月……208
胜日寻芳……189	小池偶占……209
赠明月师……190	月下行……210
山行桃花岭……191	观音岩湖晨占……211
新华楼喜会乡友……192	秋日登天子山……212
古城春日有感五首……193	秋日游张家界……213
春日遣怀……198	金秋之约……214
城郊遥望……199	贺凯弟新婚……215
南山望月……200	岭上参禅……216
闻古琴有感……201	拂晓登高有寄……217
春夜逢友小饮……202	赠师大八十周年庆……218
暮春令……203	校庆日偶作……219
林则徐……204	河东夜宴后怀李太白……220
六朝松……205	川大研学中作……221
殿前客……206	冬夜汨罗江畔寄怀……222

书社夜读有怀………………223	与诸友湄平河雅聚后作……239
游苏公祠有怀………………224	国庆日有怀…………………240
游琼州赠一介行李…………225	岭南研学……………………241
游棋子湾赠和兄……………226	明月山………………………242
琼州行………………………227	送明月师返鹭………………243
观古盐田作…………………228	书山行………………………244
赴沪参会中作………………229	红叶歌………………………245
赴上海大学作………………230	春夜问天……………………246
渡口…………………………231	春夜时感……………………247
静夜思………………………232	雨夜北望……………………248
送白兄归晋中………………233	山前幽居……………………249
午至桃子湖偶得……………234	庚子春感怀…………………250
京西逢沧浪与长明兄………235	湖畔旅怀……………………251
早发湘江……………………236	山居有怀……………………252
夏夜游珠海赠李王二贤……237	夏日与友叙怀………………253
七月廿一赴清迈壮游………238	夏夜河东赠广州何兄………254

007

夏日游黔东…………255　　初秋乡友夜宴后作…………259

夜宿雪峰山…………256　　初秋麓山下赠利华兄………260

车行虎形山…………257　　初秋送志龙赴广州…………261

客居镇远…………258　　秋日游桂林…………262

后记

河西夜语…………263

第一辑 丘山

别后几时还?
乡关醉梦间。
晓来攀古道,
北望太行山。

月夜怀乡

大河浩浩游红鲤,

恒岳巍巍与斗齐。

如雪牛羊飘广宇,

似金黍谷洒虹霓。

窟前晓月吟新世,

壁上斜阳照旧堤。

唯愿今生常至此,

半吹素笛半扶犁。

回乡感怀

推门即走访明贤,
览古寻真辟福田。
富贵寒贫随尔去,
高原岭上小村眠。

故乡冬日

窗前白雪满山头,
郭外唐河汩汩流。
短笛焉能平此意,
乡音一阕解千愁。

冬日有怀

半卧高台半倚栏,

有诗有酒不知寒。

青莲居士今何在?

捧读仙篇到晓残。

腊月思

一别唐河十六春，
同窗夜话数家珍。
苍天有意飘飞雪，
留住山城梦里人。

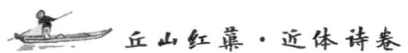

长亭独饮

青山似黛雨如烟,
醉卧长亭度盛年。
大道何须清净地,
人间处处可参禅。

临窗怀望

塞北沉沉一梦中,
风光不与昔时同。
星移物转真情在,
笑看长天贯彩虹。

农庄

阵阵霜风拂草堂,
阿爹尚在牧羊场。
归来火炕云三朵,
一曲高腔夜未央。

春日感怀

坝上桃花次第开,

垂竿独钓醉龙台。

红霞满目春风劲,

素月悠悠踏雪来。

太行山

别后几时还？
乡关醉梦间。
晓来攀古道，
北望太行山。

平型关

疏星岭上行,
师座点天兵。
敌寇还惊梦,
山前战鼓鸣!

老屋

秋来总盼归,

寻梦独依依。

欲托昆仑使,

山高夜鸟稀。

唐河

游梦归河畔,
烟霞映旧园。
还差多少日?
旦夕在丘樊。

望乡

独自上高楼,
花开水自流。
爷娘千里外,
日月使人愁。

陌上月

陌上花间月,
风吹只影长。
偏居尘世外,
不语自添香。

过平型关

怒气震瀛寰,
偏关杀敌顽。
骄阳全不畏,
热血洒青山。

太行北望

一别三千里,
山前念旧词。
阿娘今可好?
把酒慰相思。

同窗叙旧有怀

初离谷口至城关,

柳叶飘飘共一班。

南北同窗当此夜,

常常相望海云间。

城北雅聚

太行万里一朝归,

云海悠悠大雁飞。

犹记那年花雨日,

青青野草伴朝晖。

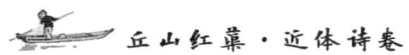

晨起赴沙涧上坟

坡前细柳没烟尘,
南北儿孙泪眼频。
千丈青山今已过,
仰天跪地悼先人。

师生城东小饮

曾经相识在新庄，

云海苍苍逐昗阳。

今日举杯存孝里，

太行此去梦尤长。

注：李存孝为灵丘人，唐末五代第一猛将。

第二辑 边营

报国值华年,
峰巅写大篇。
丹心昭日月,
碧血映池渊。

秋日登高

岭上红枫百万兵,
登高北望指燕京。
伯温一计藏于饼,
横踏群山九域平。

李太白

独酌花间气自豪,
青莲本佩大横刀。
庐山一顾随风去,
长恨江心万里涛。

延庆赠别

一朝逐日跨雄关,
晌午登攀玉渡山。
只叹三杯难尽意,
来年再会夏都湾。

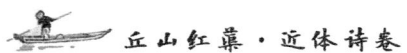丘山红巢·近体诗卷

北望有寄

秋风瑟瑟夜无眠,

遥寄丹心峻岭巅。

粒粒山楂迎远客,

霜经雪纬度华年。

岳王亭

枫秋独上岳王亭,

晚雨如丝祭国灵。

两岸烟云应有尽,

银河一顾满天星。

夜登牛山

登高极望向君山,

云海苍苍碧水间。

不晓春来差几日,

军中夜夜盼年关。

驿道归来

天明岭上接新兵,
向晚归来老泪盈。
红杏梢头风著雨,
萧萧恰是唤儿声。

营地年关

边夫自古盼团圆,
别子离乡涤壮年。
一日三秋三万里,
家书夜夜电波传。

谒抗战烈士

报国值华年，

峰巅写大篇。

丹心昭日月，

碧血映池渊。

火眼拦顽敌，

雄鹰卫丽川。

乡关千万里，

烈士一碑镌！

战斗归来

长铃震落枝尖雪,
将士翻身上战场。
夜克归营天已晓,
弓腰始觉覆浓霜。

谒无名烈士墓

满眼金刚向敌蛮,

流干碧血染河山。

何须名像登麟阁?

存此丹心住世间。

西北行

纵马大西边,

军歌度戍年。

相离何所解?

赠我一枝莲。

社庆三首

其一

清泉滟滟绕高台,

林静山幽夏又来。

月下谁人吹短笛?

停车暂借酒三杯。

其二

夏都一别万重山，
牧马天涯久未还。
雪夜新弹流水曲，
丹心一片寄云间！

其三

天涯策马觅华章,

游牧初逢结慧良。

大笔鸿篇为野草,

诗词有感问刘郎。

注:野草、刘郎为吾诗友。

谒岳王亭

枫叶沙沙一树红,

泉边铁骨建奇功。

萧萧往事随风忆,

悄立山头手挽弓。

秋日拉练

啸啸朔风鸣，

牛山夜点兵。

寒衣披旧月，

热血卫新营。

静立妖魔惧，

狂奔鬼魅惊。

人生佳美地，

最是大关行。

江畔怀友

天涯虽远友情珍,

一别妫河入俗尘。

欲托青鱼传弟意,

春风习习水粼粼。

忆毛公

岭上飞驰百万兵，
锄奸铲恶喜相迎。
东方日出风雷激，
一唱雄鸡四海清。

边关忆友人

夜雨潇湘上北楼,

三年未见泪花流。

红尘俗事多牵绊,

漠漠边关不胜愁。

月夜寄妫川兄弟

解甲燕山北,

南游屈贾乡。

红枫随地老,

碧浪逐天黄。

素骨空将逝,

初心不可忘。

临窗盈满酒,

秋夜梦尤长。

再谒岳王亭

战火弥漫天地暗,
男儿驻守麓山前。
流干热血驱倭寇,
搏断长刀卫楚川。
铁骨皆因家国碎,
忠魂共与圣贤眠。
亭中久立祈宏愿,
袅袅檀香上九天。

离别

岁近新年天近晚,
阿哥送妹到偏关。
男儿此去相争地,
不退豺狼不得还!

秋雨声声

梦入妫河畔,
驰行岭上时。
三秋疏雨醉,
一岁素心痴。
打马幽深谷,
弹琴在远陲。
迢迢闻道路,
去去几人知?
拂卷临云暮,
扬鞭近赫曦。
郊游寻旧识,
把盏弃闲枝。

俗世无休变,

兰心誓不移。

他年归岭日,

塞北再相随!

路遇老战士攀谈随感

残阳似血映枫红,

独立山前啸碧空。

只恨多年无战事,

而今已是钓鱼翁!

秋夜忆雷达站后作

昼夜圆睁千里眼,

长空织网守天关。

山巅十载随云逝,

夜半思儿热泪潸。

侠客行

朝晖牧野彩云飞，

侠客扬鞭下翠微。

渡口横刀吹短笛，

江湖寂寂不须归！

过七十三军墓偶占

万缕金光笼浅塘,
幽台深处菊花香。
缘何至此垂双泪?
犹忆当年会战场。

过岳王亭偶占

亭前老树挂斜阳,

野雀惊飞碧水凉。

试问徐郎曾记否?

当年薛岳用兵场!

初至陈州赠鹿明兄

京畿织网十三秋,

万里江河各自流。

再会陈州倾尽酒,

营盘历历上心头。

麓山悼国忠

寒山此夜悼良忠,
一代身亡百代功。
天下谁人知此战?
飞来石上正秋风。

悼陈赓大将

年少东征建伟功，
踏平四海战枭雄。
英雄自古多豪气，
一片丹心映碧空。

第三辑 红蕖

晨钟阵阵抵心田,
信步山中沐佛泉。
一缕炉香通四海,
与君世世共婵娟。

燕山秋夜

云汉苍茫盖大川,
一轮皎月至山前。
风吹岸柳飘寒絮,
霜染瓜田起夕烟。
颗颗秋桃思永日,
条条涧水送流年。
何时共剪西窗烛,
一顾红笺一潸然。

夜宴湘江

夜至大江前,

持杯踏小船。

柳旁三叠影,

桌上一锅鲜。

醉去呼新友,

醒来诵旧篇。

愁肠百万结,

诗酒度流年。

古寺祈福

晨钟阵阵抵心田,

信步山中沐佛泉。

一缕炉香通四海,

与君世世共婵娟。

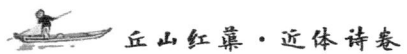

春日登高

午后登高岭上行,
时闻古寺有钟声。
新词一首难成意,
柳絮纷纷是我情。

置年货思儿

湘江一跃至荣湾,
腊肉咸鱼两手间。
雨洒风倾留不住,
声声学语盼人还。

仙恋

千年悟道不曾忘，
涧谷寒凉日月长。
翠竹三舒趋细柳，
峨眉一跃到钱塘。
山盟海誓天难老，
苦尽甘来夜未央。
位列仙班匡善恶，
人间绝唱是鸳鸯！

幽谷独酌

平城北望酒三杯，
寄寓他乡久不回。
一树梧桐惊落雨，
箫声戚戚复相催！

居京时感

世界本无违,
天高雁北飞。
偏居成大我,
何必绕京畿?

夜雨北望

细雨丝丝路寂寥,
唐河一别万千遥。
窗前品茗吟新岁,
岭上弹琴念旧宵。
塞北杨花常入梦,
江南竹笋鲜过桥。
人生有憾分三地,
每每清秋复又焦。

深秋北望

晓送烟霞晚送风,

人朝北国水朝东。

儿郎不解其中味,

一树山枫尽染红。

麓山寺为母祈福后作

一别高堂万叠山,
南行北走路多艰。
今宵遍觅麻姑处,
赠得金波踏雾还。

十月廿六夜吊重慈

曾经捧得上堂心,

十载欢欣处处寻。

今夜归来成两隔,

茫茫垄畔悄无音。

祭妻外祖母

荣湾拂晓百花残,

雨打西窗泪滴寒。

何忍仙游乘鹤去?

洞庭一顾一凭栏。

闻母疾后作

阿娘抱疾出河东,
千里求医岳麓中。
梦里乡音闻不绝,
推门一顾是秋风。

江岸暮雨

潇潇暮雨夜尤寒，

十载辛劳志业安。

解甲山前圆旧梦，

归田舍下觅新丹。

常叹太白华年短，

总羡陶公菊舍欢。

感念亲朋多助力，

人生处处少遮拦。

孟夏悼姑母

夜来有梦到高原，
泪目茫然不可言。
遥叩姑母恩似海，
狂飙一路返家园。

第四辑　风铃

冽冽寒风不得眠，
三杯老酒慰流年。
桃源十里今安在？
岳麓山前好坐禅。

中秋夜八首

其一

月上山岩小寨幽,
乡邻结伴上高楼。
焚香事祖迎宾客,
共享城南一叶秋。

其二

银辉缕缕枝头挂,
老叟悠然把月夸。
不享京都堂上客,
只求陋室一杯茶。

其三

一阕乡音敬月神，
山前雅聚享奇珍。
身随逸韵芦边舞，
心远尘嚣抱朴真。

其四

蟾光晚照尽开颜,
地角天涯当悉还。
最是丰年秋月夜,
吟诗把盏醉乡关。

其五

乘风直上广寒宫,
复晓吴刚梦已空。
伐桂千年天界渺,
不如里巷一陶公。

其六

嫦娥亦怨广寒凄,
玉兔穿云下陇西。
河汉迢迢同止水,
何如渭水绿杨堤。

其七

躬耕碧宇觅兰亭，

满目华章一岸星。

谁弄瑶琴明月下，

莺声袅袅柳青青。

其八

游牧南山气自豪,
芳华竞放自妖娆。
田园月会良辰短,
把酒言诗望九霄。

观琴感怀

古驿花前抱素琴，
今宵曲曲是奴音。
浮尘不解红花意，
化作香魂证苦心。

胜日初游

初春览胜至坪塘,

柳绿花红苦菜黄。

碧水潺潺村口绕,

丹旗飒飒路边扬。

胸藏美景常闻乐,

心盼良师不易伤。

檐下高腔频入耳,

清风送我进山房。

重阳登高

登高向北诵茱萸,
一路弯弯阻且岖。
不晓微身归去处?
三杯浊酒笑江湖!

月夜煮茶

小楼品茗麓山中，
不觉身轻入月宫。
欲向吴刚赊好酒，
可怜只剩桂花丛。

第四辑 风铃

尚书房雅集

繁星竞放九天飘,

笛雅琴幽度梦宵。

试问刘伶何所饮?

茶楼月下一花雕。

归乡闲居

暗夜无光水自流,

兰窗只影又三秋。

人生莫道归何处,

煮酒烹茶解万忧。

闲步江畔

雨洒湘江畔，
人行古道前。
何时来茗战？
先去接山泉。

仙子

漠上红霞挂满天，

悠悠碧空我为仙。

祥云七彩今何在？

铁甲沉沉化客船。

白沙古井

何处消炎夏?
城南古井边。
闲来倚竹卧,
临睡抱泉眠。
沙女论行道,
茶神解坐禅。
忘归江畔路,
水月照心田。

岭北偶遇

岭北有高楼,
琴音分外悠。
今朝乃巧遇,
去岁不曾游。
华服人前艳,
红莲水上浮。
往来皆莫问,
只把管弦留。

无题

瘦雨落琴台,

柳风细细裁。

墙花无此意,

独自节前开。

晴日放生二首

其一

莫道游鱼悉入盆，
放归湖泽慧根存。
他年若遇天门阵，
飞跃千山报大恩。

其二

拂晓提篮至水前,
条条幼鲫入潭渊。
今生但愿皆安好,
待到千年续此缘。

年关雪

星城落雪不寻常,

满目梨花竞溢芳。

阔步江堤言不尽,

来年遍处稻花香。

咏梅三首

其一

登高一览橘洲中,
倩影怜人若彩虹。
梦宴林逋湘水畔,
举杯月下赴蟾宫。

其二

天生丽质若西施,
无限风情向尔痴。
玉骨临风千点月,
清香缕缕一畦诗。

其三

独爱洲头数点梅,
潇潇雪雨尔先开。
春来最解相思苦,
月下庭前酒一杯。

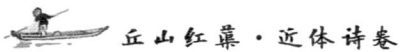

采茶晚归

盈枝碧叶自无涯,

晓至塘前摘嫩芽。

缕缕茶香添雅趣,

虔心细品月西斜。

第四辑 风铃

月下听曲

早别长亭柳色青,
归来已是满天星。
银针独酌愁肠醉,
一曲湘昆解性灵。

越剧《钗头凤》观后

月上梢头奔岭北,

沈园一曲百千回。

常言月老牵长线,

岂料高堂响巨雷。

别后重逢徘陌路,

生前难聚隔崔嵬。

人生抱恨终难改,

梦里情郎又复来。

春日郊游

假日沿江去踏青，
捞鱼挖笋啸长亭。
春光共沐尘嚣远，
美酒随身颂晚星。

寻觅

南下潇湘客梦寻，
来来去去到如今。
晨工晚课非吾意，
古渡兰亭觅梵音。

深谷行

最喜佳期陌上行,

花红柳绿涧溪清。

峰巅唱响幽云曲,

宇外飞仙竹下迎。

夜游桃子湖

信步长堤逐晚星,

三杯玉液解魂灵。

登高向北邀豪客,

世上何方不柳亭?

江岸怀古

千百芳菲织彩虹,
忠贤辈出列长空。
老庄圣德开新宇,
屈贾雄文照旧宫。
吴子推陈邦国泰,
芎敖治水帝疆隆。
江山每遇风雷急,
总有英才建伟功!

小乔

芙蓉帐里妾情浓,
战地迷烟复几重?
夜幕催舟囚敌阵,
红娇绝代斗顽凶。

过贾谊故居作

雨洒麓山前，

兰台起夕烟。

大鹏惊广宇，

小井涌流年。

作赋何其易？

怜君实不眠。

悲心空向楚，

千古永相传。

吊湘妃

哀风飒飒路迢迢,

止步君山话寂寥。

一夜飞溅千顷泪,

天宫再会度良宵。

第四辑 风铃

登岳麓山有感

千年古刹浴凡身，

万顷湘流涤俗尘。

宝塔何须高万仞，

朱张会讲直通仁。

山前秋雨

黑云舞墨洒江天,

爱晚亭前雨若烟。

自古何多悲喜事,

且将老酒慰诗篇。

江上怀古

烟波滚滚决雌雄,
朗月他年照汉宫。
家国俱兴人已老,
一船秋雨一船风。

秋日书院行

晓上西山红叶乱,

亭前蝶影舞翩翩。

流芳万古源周式,

不绝弦音继锦年。

注:周式为岳麓书院首任山长。

第四辑 风铃

冬日偶感

霜叶飘飘话寂寥，

偏关雪落使人焦。

登高一曲难如意，

满目飞笺度瘦宵。

半坡闻琴

结伴幽亭品上珍,

闻琴泼墨直通神。

悠悠竹海寻前梦,

点点深红又遇春。

第四辑 风铃

湖畔行

潋滟西湖映木莲,
长堤阔步赛神仙。
平生最喜浮云意,
解甲潇湘续楚篇。

岳麓书院

一山一水一层楼，

月上梢头分外幽。

罗典何幸红叶意，

胡寅不惧鳄鱼仇。

日论翰院烟云澈，

夜话湘江岁月浮。

百万奇珍淘不尽，

星河灿灿竞风流。

第四辑 风铃

长沙逢万兄

楚地寒天雨似烟,

京都万里故人牵。

天涯逐牧知音在,

不慕名贤不羡仙。

赠熙卿兄

俊雅荆州牧豕人，

躬耕塞北育奇珍。

离乡卅载披星月，

一片诗心处处春。

第四辑 风铃

秋日同诸友空中圆月

积雪满松山,

南游尚未还。

同瞻佳日月,

一梦越雄关!

清泉湾望月

寄寓高崖下,

披霜眺玉轮。

杯中浮桂子,

此酒最香醇。

第四辑　风铃

月夜感怀

独倚桂花丛，
幽光自翠笼。
嫦娥今且在？
永别广寒宫。

登高有怀

寒山晓起自氤氲,
直上云端酒二斤。
岁月无情随尔去,
新词一阕乃欣欣!

第四辑 风铃

西山寻幽

西山把酒问桃源,
白叟无言入涧樊。
崖口飞红迎素月,
半生寂寂半生喧。

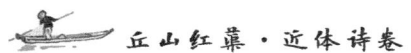

夜怀左宗棠

家国回望老泪横,

河山岌岌幸逢卿。

潇湘一夜传衣钵,

仗剑昆仑故土平!

第四辑 风铃

尚书房听琴

雅客齐临佳日兴,

琴弦合奏共潮鸣。

尚书房里多茶事,

唱响新春第一声。

杂感四首

其一

浩浩春江去不归,
妾心好似乱云飞。
烹茶竹下添新曲,
路远山高誓莫违。

其二

岁去山前把梦寻，
春来陋室故人心。
南归胆气今犹在，
愿许吾身拒敌侵！

其三

岁末撩人是故园，
牛羊食草露台喧。
熙熙集市奇珍汇，
接福还来大宅门。

其四

天寒旧友聚青川,
对酌三杯夜不眠。
阡陌条条通旧屋,
烟云莽莽达新年。
闲寻落子青山下,
暇梦周公洛邑前。
世事悲欢随尔去,
明朝岭上好耕田。

春游六首

其一

丽日寻芳赴外塘,
梅花点点玉兰香。
农家把盏无归意,
始觉今宵入梦长。

其二

彩蝶翩翩绕碧枝,

蓝湖水暖故人痴。

新茶一捧寒霜尽,

处处春光处处诗。

其三

绝壁寒梅映日红,
长天燕雀逐轻风。
兰溪九曲归何处?
渺渺江流一梦中!

其四

君山直上晓风凄，
满目苍黄满脚泥。
一曲高腔犹未尽，
枝头翠色使人迷。

其五

清晨独上咏归桥，
一树红梅片片娇。
畅饮三杯谁与共？
江心醉卧弄春潮。

其六

大地春归百草香,

郊游陌上意飞扬。

开怀把酒迎新季,

奋战今朝抒伟章。

湘西行

久盼苗家今得见,
湘西遍处乐无边。
千年古驿春来早,
共享氤氲自谓仙!

凤凰古城

沱江浩浩展新颜,

丽日悠悠暂得闲。

一缕诗心多远意,

栖身最喜水云间!

春日杂咏四首

其一

渺渺烟波拥碧流,
桃花夹岸解春愁。
闲来小子无归处,
打马今朝下岳州。

其二

白雪含香映夕晖,
西楼醉卧不知归。
窗前忽见儿时月,
急趁东风万里飞!

其三

春来岭上采茶花,
采得茶花到酒家。
酒罢归来无趣意,
长亭醉卧赏红霞。

其四

隔岸烟花绽九天,

携觞祭月到峰巅。

贫穷富贵皆无事,

一梦长安遇谪仙。

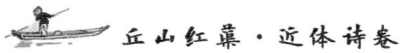

春夜雨晴

久雨遇晴天，
相逢省府边。
从来天地客，
醉卧小亭眠。

第四辑 风铃

春游平江

春风一日到平江,

满地黄花映小窗。

试问阿哥何处去?

攀山至顶唱高腔。

香干子

雾锁湘江不得行,

归来岭上问高卿。

他家一碗香干子,

难晓缘何誉老城?

第四辑 风铃

白萝卜

君自边陲雨露深，

立春已到赛黄金。

一时喜煞蓝田客，

赢得拳拳插柳心。

注：绥宁县插柳村，为湖南师范大学扶贫点。

垄上秋声

峻岭重重水漫盈，
晓来入户闻秋声。
自从结对弹新曲，
不尽师生插柳情。

臭豆腐

湘江侧畔白云飞,

购得三斤急急归。

爽口舒心无复计,

临风唉罢浴朝晖。

百果园

假日寻幽百果园,
春山碧水远嚣烦。
时闻隔岸琴音起,
静待花开不可言。

麦子洲赏油菜花有感

青山脉脉水涓涓,
闲向农家赏福田。
饮就三杯犹未尽,
黄金遍地夜无眠!

山居

暗夜无光水自流,

兰窗只影又三秋。

人生莫道归何处,

煮酒烹茶解万忧!

第四辑 风铃

湘江晚占

雷公一怒三湘涝，

岸上军民胆气豪。

暴雨无情人有义，

从来汗滴逐浪高！

夏夜有思五首

其一

九分山水一分田，
多有寒贫似火煎。
幸得龙庭降雨露，
千年旱地冒青莲。

其二

多情自古凤求凰,

河汉遥遥独自香。

历尽红尘千百劫,

修来岭下做鸳鸯。

其三

莽莽南山护细流,
寒窗烛火照春秋。
儿郎一别难归去,
喜鹊年年至柳头。

其四

滚滚湘江去不归,
楼船点点逐云飞。
渔家一别山南云,
共诉今秋请莫违。

其五

寒风卷雨洒边关,
一抹深蓝峻岭间。
唯愿苍天知我意,
朝闻战事夜回还!

第四辑 风铃

炎日小记

我有三壶酒,

为君伏日留。

相邀南麓下,

饮月赋新愁!

麓山行

黄昏信步浴山风，
缕缕金辉照旧宫。
不晓真人游梦处，
唯留拜岳证虚空。

注：拜岳为岳麓山拜岳石，又曰飞来石。

湖畔行

菡萏亭亭不染尘，
咏归桥下水粼粼。
迟焚一炷遥相寄，
悼却亡魂祷水神！

乡间行

涧水弯弯绕碧山,
新蔬片片展娇颜。
生来不解农桑事,
却道身须麦垄还。

靳江河

靳江两岸草葱葱,

健步山前趁晓风。

满目秋光看不尽,

转身已在画屏中。

过麓山寺作

圣泉滴滴颂新功,
梵乐悠悠入昊穹。
世事如霜过眼逝,
红尘万里尽虚空。

第四辑 风铃

山行偶遇茶屋

半山小舍半山茶,

日落西坡复又斜。

直取三杯忙谢客,

清香满袖早还家。

徐渭

世事如霜映晚晴,
一条老狗寄余生。
风尘涤尽雄心在,
有酒安知后世名!

第四辑 风铃

晨起登岳麓山作

晨攀岳麓巅,

放眼白云边。

白鹭飞船后,

青狮啸巷前。

滔滔江水涌,

袅袅梵音传。

幸得修缘地,

常随日月圆。

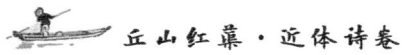

醉望星空

飒飒秋风摇玉树,

不知此夜倚哪株。

清波浩渺谁人共?

丹桂三枝酒一壶。

第四辑 风铃

湖心赏荷

醉卧湖心唱暮歌,

秋风拨动一池荷。

清香缕缕笼归梦,

此夜谁人踏碧波?

巴陵道中

客至山前小舍留，
重逢又是洞庭秋。
闲愁万绪随风去，
独享浮生一片幽！

郊游寻人不遇

几行燕影掠秋池,

一曲高腔出柳枝。

回首循声林下去,

幽香缕缕只余诗。

车行宝庆府

忙乘秋风到邵阳,

满帘叠翠桂花香。

亭前古柏知人意,

伴我书函待曙光。

社庆有怀二首

其一

繁星点点聚群贤,
游牧三周庆福田。
把酒欢歌初雪夜,
且将素笔植心莲。

其二

今宵唱和解千愁,
习作频仍若涧流。
但愿人生多此日,
天涯结伴上层楼。

云麓行

遍野山茶映日开,

云中信步达仙台。

三杯饮罢寻诗意,

子美青莲入梦来。

湘南行

坝上勤耕养性灵，

循天法地自瑶庭。

沟渠本载千秋事，

语出高楼不忍听！

夜梦苗寨后作

朝曦灿灿笼山寨,
几树茶花次第开。
急上峰峦迎远客,
须知此木是君栽。

参观南湖革命纪念馆

南湖晓岸雨如烟，

星火燎原自渡船。

大业隆兴从此始，

开天辟地著华篇！

夜游嘉兴南湖

长龙一跃到嘉兴,
直上红船取慧灯。
夜走当年斑驳路,
烟云莽莽客心澄。

夜雨话北

高原叠嶂路人稀,
白雪茫茫映竹扉。
老酒三杯与尔语,
潇湘北顾恨难归!

第四辑 风铃

游爱晚亭

夕上山前爱晚亭,

归来已是满天昼。

焚香沐月寒窗下,

诵读三章《道德经》。

游橘子洲灯彩嘉年华

青山碧水绕星城,

十里花灯喜送迎。

屈贾前贤今若在,

举杯自是到三更!

胜日寻芳

云淡风轻树树新,

寻芳岭上觅诗尘。

曾经滴滴桃花雨,

牵绊高原梦里人。

赠明月师

云游岳麓赏春晖,
梵曲高鸣顿忘机。
茶客盈堂皆不语,
梨花一树著芳菲。

山行桃花岭

桃花岭上赏桃花,
拾翠摇红酌晚霞。
涤尽尘心寻大路,
桃花伴我走天涯。

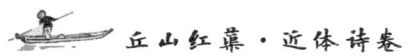

新华楼喜会乡友

同是潇湘客,

俱为雁北人。

太行逢旧友,

端月见乡亲。

口饮三湘水,

身披万里尘。

迟来楼上聚,

把酒慰青春!

第四辑 风铃

古城春日有感五首

其一

岭下梨花一夜开,
推门急步上高台。
向来秀色寻人去,
未有人寻秀色来。

其二

从戎十载客长沙,
冬去春来两鬓华。
贵贱荣枯随尔去,
春风十里到君家。

其三

今朝爱晚踏芳菲,

不觉身轻入翠微。

一跃银河三万里,

正逢喜鹊载花归。

注:爱晚为麓山上爱晚亭。

其四

数日春寒不胜愁,
月高独上北山楼。
摇身化蝶高原去,
一阕乡音解万忧!

其五

桃花照水映星域,
巷口滩头笑语声。
雨过山川多秀色,
邦宁本固九州清。

春日遣怀

晓来岭上响春雷，
万树桃花节节开。
摩诘情深知客意，
何妨入夜酒三杯？

第四辑 风铃

城郊遥望

卷地寒风不忍听,

掩门浴罢读《心经》。

天涯复远知音在,

一曲长歌共曙星!

南山望月

持花载酒上南山,
两碗三杯碧水间。
不历红尘千百劫,
何来落月对禅关。

第四辑　风铃

闻古琴有感

夜赴河东赏玉琴，

潺潺涧水涤尘心。

千年古韵何人识，

此路重重复又深。

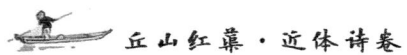

春夜逢友小饮

东风抚岸水天长,

一梦山居在异乡。

檐下桃花铺满地,

山巅北雁两三行。

暮春令

太行一去三千里,
独立洲头雁北飞。
饮尽残阳人未醉,
高腔一曲送春归。

林则徐

古道烟云夹岸长，
千峰一色共苍苍。
西巡淑水查枢务，
北话湘江固汉疆。
天下三分迷宠佞，
神州一统赖贤良。
而今国运兴如许，
步韵茶亭唱自强。

六朝松

观音殿外六朝松,

长伴青灯照岳峰。

不历红尘千百劫,

何言盛世又相逢?

殿前客

菩提树下起心恭,

应悔当初逞戾凶。

年少乖张迷不悟,

老来郁结复重重。

第四辑 风铃

东方红广场吊毛主席

万顷银波贯碧空,

登高路上吊毛公。

豪情铁骨担仁义,

两袖清风两袖红。

独饮问月

大笑唱江湖，
生来洁且孤。
红尘无限事，
不过酒三壶。

小池偶占

一池细柳一池莲,

相顾长空二十年。

莫道云中千万里,

明朝岭上可高眠。

月下行

清影田田映月轮,

阶前独酌廿三珍。

群芳盛夏原零尽,

恍若人间又一春!

观音岩湖晨占

人生自古三千境,

万事浮沉一梦空。

蛰伏南山迎远客,

烟云袅袅桂樽中。

秋日登天子山

一岭烟云一岭愁,

鲜花采遍独惊秋。

逢人便道寻天子,

冷月年年吊脚楼。

第四辑 风铃

秋日游张家界

喜有高朋聚大庸,

三杯浊酒入喉浓。

不愁此路无知己,

拂晓同登御笔峰。

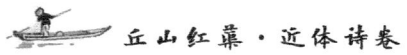

金秋之约

崇山桂叶香,

望水洞庭长。

韵著千秋色,

琴挑万里光。

注:贺友人崇望、韵琴新婚藏头诗。

第四辑 风铃

贺凯弟新婚

情定丰台缔玉缘,

恰逢盛世意绵绵。

华堂新烛三生系,

白首齐眉一线牵。

月下花前天地暖,

珠联璧合手心连。

祝君共享千秋福,

莫羡鸳鸯莫羡仙。

岭上参禅

晓起依稀蝶梦长,

推门上岭进禅堂。

三生石上寻金锁,

九曲回廊浴佛光。

第四辑 风铃

拂晓登高有寄

秋晓穿云上翠微,

红枫片片路人稀。

余生怅恨他乡老,

欲驾晨星雁北归!

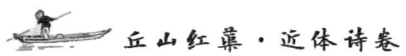

赠师大八十周年庆

巍巍云麓下,

浩浩大江边。

回首流芳日,

弦歌八十年。

第四辑 风铃

校庆日偶作

烽火连天日,

声名四海扬。

精勤传圣学,

仁爱育湖湘。

贤士吟新月,

良才著锦章。

一朝千里梦,

每每在书堂。

河东夜宴后怀李太白

临江独忆谪仙人,

人道秋潮我道春。

对饮歌诗三百首,

桂花落尽玉花新。

第四辑 风铃

川大研学中作

昨夜飞云满屋头,

天鹰一展到双流。

登门研学寻真意,

不负蓉城不负秋。

冬夜汨罗江畔寄怀

夜雨潇潇落满头,

一江愁绪实难收。

尘沙几许应无计,

把酒三杯卧小楼。

第四辑　风铃

书社夜读有怀

岭上新停浊酒杯，

闲翻小品夏都回。

不倾闹市多尘色，

只恋崖头点点梅。

游苏公祠有怀

片片丹心映草堂，

一生胆气不攀强。

谁人可叹东坡老？

自此儋州破士荒！

游琼州赠一介行李

初识缘诗结伴行，

时临岁末聚椰城。

高腔一曲知音在，

此夜琼台溢雅声。

注：一介行李为海口诗友。

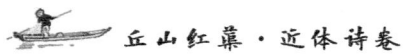

游棋子湾赠和兄

曾享苍山一片云,
时过半载又逢君。
山高水远情难尽,
再见登高到日曛。

琼州行

一顾长空到海南，

碧涛万里照山岚。

繁芜世事随风去，

红树林边酒正酣。

观古盐田作

远涉儋州自称仙,
凿岩引水造盐田。
高宗下笔名正德,
海石开花说锦年!

赴沪参会中作

九域高朋聚浦东,

论坛问道对春风。

今朝采得枝头叶,

明日山前片片红。

赴上海大学作

泮池两岸柳丝飞,
故地深研细察微。
送宝传经楼舍下,
采来玉石麓山归。

第四辑　风铃

渡口

夏雨初晴至水滨，

花丛蝶舞往来频。

趋前渡口深深问，

没那情郎急煞人。

静夜思

冽冽寒风不得眠,

三杯老酒慰流年。

桃源十里今安在?

岳麓山前好坐禅。

送白兄归晋中

同为塞北戍边人,

次第还乡入世尘。

再见依依盈满酒,

湘江夜色一时新。

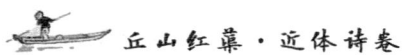

午至桃子湖偶得

玉珠滴落一池荷，

暑意渐消旅客多。

青柳弯弯初拂水，

有人独唱《大风歌》。

京西逢沧浪与长明兄

大庸一别又三秋，

山路弯弯共聚游。

今至京西尝美酒，

消吾解甲十年愁！

注：沧浪、长明为北京诗友。

早发湘江

江天欲晓伴君行,

暑日南游四体轻。

若问方郎何复去?

长龙一跃下鹅城。

夏夜游珠海赠李王二贤

船停海港月方圆。
今夜携游吉大边。
一曲高腔酬远客,
苍天不老有余篇。

七月廿一赴清迈壮游

潇湘极目水云秋。

人到中年作壮游。

自古几多悲喜事,

小城清迈尽悠悠。

第四辑 风铃

与诸友湄平河雅聚后作

异乡初见即相亲,
一路随风一路尘。
域外平添欢乐享,
河边住有楚湘人。

国庆日有怀

狮吼东方七十年,

同心逐梦艳阳天。

风云变幻随它去,

众志成城绣锦篇。

第四辑 风铃

岭南研学

铁骥奔腾到穗城,

华南学府拾秋声。

留心处处皆珠玉,

万事从来首在行。

明月山

年关来许愿,
相守白云边。
要觅仙人路,
先来沐圣泉。

第四辑　风铃

送明月师返鹭

明月几时还，

同登岳麓山。

红尘无一事，

别绪有千般。

书山行

潺潺涧水绕青川,
翠竹无言结善缘。
世上天人归一体,
书山把酒续新篇!

红叶歌

寒秋独立朝天啸,

沐雨经风不折腰!

哪个曾言芳意尽?

神州万里涌春潮。

春夜问天

夜半窗前问晚风,

神农几日下天穹?

江城久盼仙人草,

九域瘟神一扫空!

春夜时感

凉山焰火时惊梦，

乱港腥风总逞强。

大雪难将愁覆去，

春来疫发恨尤长。

雨夜北望

无边夜色无边雨,
闹市清清旅客稀。
北望山河云海碎,
唯求与世莫相违。

山前幽居

江风冽冽涤春澜，
一树新梅带雨寒。
怎奈瘟神仍未去，
山前小子泪痕干。

庚子春感怀

只知岁去九州迎,
哪晓春来疾疫生。
敢问傩神今可在?
八方壮士下江城!

第四辑 风铃

湖畔旅怀

夜雨小山空,

开窗接柳风。

遥望归去路,

皆在不言中。

山居有怀

劲风拂岸柳千枝,
奋笔山前待月迟。
岁遇天寒经夏转,
花逢地暖报春知。
崇高发自谦卑处,
伟大生于弱小时。
在世须怀颜子意,
谁人笑尔这般痴?

第四辑 风铃

夏日与友叙怀

飞花落雨夜珊珊,

破晓溪云拂梦寒。

一碗新茶酬日月,

桃花岭上好凭栏!

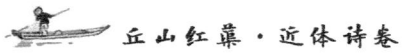

夏夜河东赠广州何兄

雨夜潇潇忆旧年,

黄兴路上起炊烟。

重逢举酒随君意,

转眼青春已眇然。

第四辑 风铃

夏日游黔东

怀化西行至夜郎,

三杯米酒醉他乡。

新歌一曲酬江月,

岭上苗家夜未央。

夜宿雪峰山

岳麓西行至雪峰,
苗家晚雾复重重。
三壶谷酒酬新客,
醉倚堂前百丈松。

车行虎形山

瑶寨寻幽境,欣逢酷夏时。

朝阳山后舞,暮雨屋前驰。

翠竹云端落,清泉岭口垂。

相期长住此,策马百峰骑。

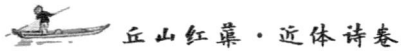丘山红叶·近体诗卷

客居镇远

晓来独上石屏山,
俯瞰青龙镇险关。
古驿悠悠秋意近,
几多远客水云间。

初秋乡友夜宴后作

三杯老酒酌秋霞,

十载羁思晋北家。

不忍遥望归去路,

男儿自古客天涯。

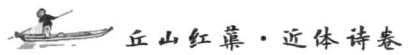

初秋麓山下赠利华兄

三载营盘结伴行,

举杯道尽昔时情。

苍天不负深蓝客,

魅力江城有尔声。

初秋送志龙赴广州

秋水迢迢唤故人，

廿年未见洗风尘。

今宵举酒成追忆，

夜半窗前唱晚春。

秋日游桂林

楚客今晨至桂林,

百花不负李郎心。

登高忽忆当年事,

九马仙人不可寻。

河西夜话

　　余自幼好诗文，尤笃汉唐遗风，捧之若宝。农闲课暇，常寄身于丘壑谷涧，一册在手，辄忘晨昏。稍有领悟便怡然自得。然天资不足，愚钝有加，亦常陷于"不古不今"之梦呓乾坤，贻笑邻里。年十九，离乡从军，后辗转于京、津、冀、鄂诸地，虽军务劳碌，然于诗之冰心未改，断续及之。乙未年冬，解甲归于岳麓山下，得闲临习，又逢妫川万公引荐，结识游牧天涯诸友，往来唱和。数年之间，积有二百余篇，乃结集付梓，不敢存流传之念，聊以就教于方家耳。夫天地之间，万物咸集，余独喜红蕖，盖赏其艳丽绝尘，慕其香远益清，君子之质也。又因余出生雁门灵丘，草木了然于胸，故结集曰《壬山红蕖》。

　　诗之核，首在性灵，次合格律，无性灵则不知所云，

无格律则非虎非犬。山川迥异、际遇各殊,水光山色之趣、美酒佳肴之乐、良朋益友之情,苟能入之于心发之于言,言不能达者,倾于笔端,则诗文所由出焉。吾才不及中人,唯愿与三五好友同耽于案牍,相望于江湖,摒却尘世喧嚣,守住古诗文这方净土。苟能达陶谢李杜万千之一二,涤洗尘心,平生足慰。

太白有云:"一为沧波客,十见红蕖秋。"嗟夫!家有一阁诗书千卷,地有三分植蕖百株,倚居半坡,兴起便吟,再兴而咏,复兴则啸,人多不解而自得其乐矣。

庚子秋于岳麓山下

李洋 著

丘山红蕖

现代诗卷

北方联合出版传媒（集团）股份有限公司
万卷出版公司

代序

在柔软、诚朴、深情中构建诗心

——读李洋的《丘山红蕖·现代诗卷》

刘长华

克罗齐认为,"人是天生的诗人",这是从直觉这一角度来立论的。不过,在汉语界,没有将人翻译成"人是天生的小说家"之类的。在某种意义上而言,人们更看重诗歌的创造性本质。人为什么要写诗?很大程度上,诗歌就是作者为自我的生命力、创造力做证。因此,是诗歌创造了人。同时,人又是社会关系的总和,除了创造性的生命活动之外,还得在精神网络、社会时空中编织出恰如其分的经纬刻度。诗歌由此常常被赋予一种"无用"之"有用"——个体自我的伦理看护,即人们所常言心灵的涵泳。李洋的《丘山红蕖》大概可视为这样的结晶。在作品中,诗人展现出了一个柔软、诚朴、深情的抒写者形象。对于这样的形象,谁人不欢喜呢?这样的诗学实践也是很多人所拥趸的。

愿你被世界温柔相待，几成众人信"口"一转的口头禅。确乎，在繁忙琐杂、竞争酷烈的当下，不少人身上多少有些戾气，只是更多时候没有直接宣泄出来。生命不可成为孤岛，你主动向世界示以柔软，才有桥梁可连、声气可通。李洋有过多年的从戎履历，并且出生在缺水的北方。侠骨柔情、剑胆琴心，大约是他人格修养的座右铭。诗集的整体风格是温润可亲的。心气的通畅带给文字表达是行云流水的。李洋的写作思维走向总体上是散文化的。诗集的第一辑集中性呈现出了为人父、为人夫的欣喜和担当，其中的衷曲尽是些眷眷之心、恋恋之情。对于大千世界，诗歌自我的标识为"心沐"二字。让人立马联想到的是一种谦卑与感恩。对于柔软，以至于不少意象和文字溢于言表。"他外表坚强如铁／内心却柔软纯净似水"，一首《酸枣》应可视为作者的精神自白。酸枣意象在诗集中频现。对于这种温情，诗人不是扭捏作态的，分明能看出他"捍卫"时的决绝和勇毅。"白得发亮的幕布上／无数的星子悄然消退，／只剩下唯一的火亮／编造着激昂的传奇。／／我却走向树丛深处／一片恬静自在的乐园，／生怕这强光——／刺痛眼睛，灼伤灵魂"（《秋歌》），这就是温柔的力量。当然，柔软的全部与唯一力量就在于对柔软本身的护法。躲进"树丛深处"，不是息影泉林、茕茕孑立，而是不参与、不凑热闹。写诗、做诗人也应是如此。在不参与、不凑热闹中，应是以"桃李不言，下自成蹊"的方式与世界和谐共存，"你在山水之间描绘／属于自己的生活图腾，／整个世界也是微笑的"（《沿阶而上》）。个人变得柔软，草木鸟兽与山川日月才会有温存。

"那方经年石碑上／镌刻着信仰和真诚，／焰火般掠过眼帘，／直抵我的——心口"（《微雨》），现实生活中的李洋应是诚朴的，字里行间所流溢出的也是诚朴的人格。当下诗歌的炫技弄巧、故作高深，不能不说是一种弊病了。诗歌需要探索、需要实验，当探索、实验成风之后，依然与世道格格不入，只能说是剑走偏锋了。当年的先锋小说家后来相继纷纷转向，这对当下诗坛应是一种借鉴和启示。李洋的文字只对生活诚朴、只对内心诚朴，与当下的诗歌写作潮流有点"隔"。但在一个正常的价值评判体系之内，诚朴不应是叨陪末座的，而应是在广大百姓的内心里南面而王的。我想是没有人愿意与一个花言巧语、油嘴滑舌的人称兄道弟的，因为这些人本身从来就没有真正把别人视为手足。"有人在光里飞渡／有人在壳里睡觉／世上本无什么捷径／／拥抱春天的孩子——／在冷雨中敲击句读／寻找诗的真正意义"（《有关成长》），我确信李洋是依循这样的"大道"去推进自己的创作和理顺自己的诗歌与人生的关系的。诚朴的最佳表达方式之一就是"无言"。人类总是活在难题之中，一方面需要语言才能够理解自然、沟通世界，另一方面语言不是一种遮蔽，所有的理解都是误解。"爱"与"恨"、"得"与"失"等从来都是相互交织、合二为一的。诚然，人类前行的张力也涵括其中了。在李洋的诗里，"还需要什么语言——呵！不需要了"（《凝望深秋》），"无需言语，静穆至诚"（《一条暗河》），"我感恩这样的遇见：没有言语，没有修饰"（《小镇的街市》），等等，都是紧贴着他对诚朴的人文性格之向往和追求。

张岱在《陶庵梦忆》中说过："人无癖不可与之交，以其无深情也；人无疵不可与之交，以其无真气也。"虽然李洋在诗中所展现的"癖""疵"几乎难以觅见，大概因为柔软、诚朴这些绝好的品德和审美情趣已经将固有的某些东西升华了，但这并不妨碍他在诗中处处不露自现出深情来。"人生自是有情痴"，"一枝一叶总关情"。李洋的诗总体上是古典抒情型的。表面上看，诗的现代性是要摈弃"风花雪月"式的浪漫，如果说要抒情的话，那么一定是那种"不动声色"、"面若无事"的深情，因为现代诗是"诗与真"姻盟。但是，李洋的诗歌以其诚朴化解了"诗与美"和"诗与真"之间的矛盾。浸润着纸面的正是一种源自心底的深情。而这深情又自是源于对生活、对生命的挚爱和忠诚。谁的人生没有一些坎坷不平？但在他的诗歌里没有阴鸷和卑湿，这应是他对深情的一种理解。譬如《火山村》一诗中写道："他不想什么长生不老／也不想做善财童子／只愿待在父母身边／／做个普通的孩子——／日出而作日落而息／饿了吃饭冷了穿衣／慢慢长大慢慢老去"，诗句感觉是融入了禅宗的义理，李洋应涉足过一些佛学知识，多次写到过庙宇等，佛教是修心的，"道是无情却有情"，因为它用心过滤过红尘与功利。没有功利的掺入，它更坚如磐石、根深蒂固。值得一提的是，这种深情在李洋的诗中还表现为他对旅行、对艺术、对故土等的拥抱姿态，他写下过大量相关的诗作。正如他在《戏文沙龙》的结尾部分写道："——不入园林／怎知春色如许——"，李洋的诗歌是"入世"型的，但始终是自带"爱与真"（《晨攀麓山》）的，深情的意蕴自然是不彰自显。

　　诗歌、文学是人的灵魂的指南针，我们需要它们不断调适生命的航向。李洋的这种践行值得称许和期待。

2020 年 8 月于长沙

目录

第一辑　情牵潇湘

等你长大了……………003

梦中的孩子……………004

我的心愿………………006

我不能再等了…………007

你是我生命中的蓝光……008

致茜公主………………009

微笑……………………010

梦的彼岸………………012

致我的爱人……………013

七彩珍珠………………014

流动的夜晚……………015

欢庆时刻………………016

写在女儿三周岁之际……018

我们是幸福的…………020

第十一枝玫瑰…………022

一株玫瑰………………023

三个小太阳……………026

小王子…………………028

童真……………………030

写在父亲节……………031

一个期许………………032

美好时光………………034

月亮的味道……036	小夜曲……046
寂静之夜……037	第六首晨曲……047
穿行北方……038	五点二十分……048
写在雨夜……039	小城堡……050
秋之月华……040	第十五个日子……051
六月一日……042	生日派对……052
红宝石……044	少先队……053
二里半之夜……045	岁至不惑……054

第二辑 心沐大千

剪纸艺人……057	元旦记事……065
起风了……058	一件毛衣……066
千日红……060	第二件毛衣……068
相逢……062	三西……071
一池碧荷……064	送给N的诗……072

小乔……073	写在中秋丑时……094
春夜……074	送给 D 的诗……097
胡琴故事……075	一些印象……098
山茶花……076	寒露之夜……100
梦的花儿……077	尚书房听曲……101
羽毛球……078	玉兰路……102
观音莲……080	九点半……104
戒指遗落……082	一块石头的自白……106
泉眼……083	戏文沙龙……108
办证日……084	战友相逢河东……110
雨落山前……086	黑鸢……112
铁路……088	烈酒……113
青青时光……090	致敬余旭……114
老转的心事……092	我愿意是一枚叶子……116
放生……093	追忆……117

你可知道……118	福分……137
喜欢花开的模样……119	一个秋天的拂晓……138
保持微笑……120	片断的夜……139
年味……121	酒歌……140
日子……122	夜神之歌……142
靴子的故事……124	阿姐鼓……144
不会忘却的祭奠……126	深秋的叶子……146
插柳村的萝卜……127	岁末……147
微雨黄昏……128	子夜弦歌……148
雨夜一角……130	我的酒杯……149
冰糖雪梨……131	我盛了一碗饺子……150
风雨之夜……132	无题……152
信仰……133	微雨……153
秋风……134	这一天……154
秋歌……136	致林徽因……155

一朵云……………………156	午后时光……………………174
雪国奇缘……………………158	这一天………………………175
晚春的桥洞…………………160	四月…………………………176
白杨林………………………162	行走之路……………………177
林间…………………………164	此夜…………………………178
路边蔷薇……………………165	秋日小花……………………179
校庆八十周年………………166	牧野的挽歌…………………180
暮色下的红旗………………167	麓山秋夜……………………181
深秋之恋……………………168	又近深秋……………………182
天涯之歌……………………169	凝望深秋……………………183
曾经的江湖…………………170	有关成长……………………184
酸枣…………………………171	请赠我洁白的双翼…………185
新年音乐会…………………172	年初晴日……………………186
山前春色……………………173	春之序曲……………………187

第三辑　神游四方

黄昏漫步海河……191	一条暗河……207
西塘早春……192	小镇的街市……209
街景一角……193	山行半坡……210
海湾……194	西塘……211
桃子湖……195	山巅哨位……212
麓山之夜……196	凤凰山……213
古驿之春……197	晚春堤岸……214
老天之眼……198	晨攀麓山……215
乡间竹林……199	岳王亭……216
湖畔春夜……200	梦见灞桥……217
沿阶而上……202	清幽的山林……218
湖畔精灵……203	竹林半日……219
山行高原……204	南大之夜……220
最是一抹蓝……205	滇池……221

丽江古城	222	呀诺达	240
拉市海	223	石干娘	241
泸沽湖	224	八亩冲	242
苍山	225	粤东晨曲	243
洱海	226	塔佩门	244
大观楼	227	双龙寺	245
圣安古寺	228	契迪龙寺	246
河畔小池	229	帕辛寺	247
洞庭湖畔	230	白庙	248
双凫铺	232	黑屋	249
天子山	234	天马山下	250
天门洞	235	穿石坡湖	251
金鞭溪	236	拜月坛	252
石桥	238	七彩溪之云姑	254
火山村	239	水库	255

第四辑 魂系太行

春雨	259	春花	277
干枝梅	260	农家小院	278
故乡恋歌	262	北方的田野	280
鞋垫	264	六月的一个早上	282
呼唤	266	雨后的山谷	283
太阳花	267	想念爷爷	284
我想你	268	娘的愿望	285
等待	269	站台	286
郭外小溪	270	北上者	287
秋山	271	老屋	288
山楂	272	你的名字	289
深秋	274	重逢	290
回乡	275	睡美人	291
望月	276	同学	292

小城…………………293	面人及其他…………300
我的高原………………294	八角枕头……………301
我是一片飘荡的云……295	黎明的祈祷…………302
曾经……………………296	中秋之日……………304
纸钱……………………297	一路走好……………305
风之歌…………………298	行走的脚步…………306
祖父……………………299	一片云………………307

后　记

二十一朵干枝梅……………309

第一辑 情牵潇湘

女儿在月亮船上睡了,
你也在船边打盹,
我趴在一粒稻谷上
描摹着——
今秋丰收的模样。

等你长大了

等你长大了,你就会明白:
我从前世的桃花畔将你寻得,
大路蜿蜒绵长,大河宽阔辽远,
我们在一叶孤舟上燃起渔火。

多少回逆流而上,
多少回风雨飘摇,
执着的双桨始终未曾停歇——
只因生命的灯塔灿若晨星。

就这样安静地依偎山脚下,
轻抚着你天使的脸庞——
把整个宇宙装进口袋里,
然后放入月光中漂洗打磨。

没有时间,没有经纬,甚至——
没有我们自己,只是路上
多了一串深深浅浅的脚印,
伴有庄子放飞的大鹏掠过。

梦中的孩子

我看见你了——
葵花般的笑脸迎着
湘江初升的那轮圆溜红日
眼睛望着金色的柚子
似要钻进去探个究竟
梦中的孩子——
女娲娘娘膝下的灵珠子
天生离不开水岸
誓要将莲下的世界
弄个明白,掰个清楚
我看见你了——
风火轮停在斑竹下
火尖枪搁在沙滩上
手持混天绫飞舞
云雀般掠过江面和树梢
一阵秋风吹来
娃儿,不必惊慌
玲珑宝塔已倒千年
太乙真人也远去浮屠漫游

第一辑 情牵潇湘

尽情地跳吧,唱吧——
足下的土地,头顶的蓝天
都是你的

我的心愿

你是我们心域冰川上
唯一盛开的雪莲,
还记得你冰层乍响;
但我是大禹的后代,
让你开始就忍受高原的
清寂,并遭遇数次风雪;
那时的我却在遥远的坝上。
教我如何不心伤?
在孤独的暗夜里,我决心
顺流潜回,带给你一片
云朵长满翅膀的蓝天:
那儿没有风雪,只有时光的
白鹰和我纤柔的诗歌。

我不能再等了

孩子，我不能再等下去了，
在这千里之外的北国小镇；
寒冷的冬天即将来临，我必须
尽快回到湘江堤岸——你的身边；
我内心的小树几尽干枯，
金黄的叶子落满整座营地，
像一片海将我埋进
无限的幻梦里，等你来打捞；
当你深夜悄悄跳进我的心窝，
眼前一亮，这棵小树又立即
抽出新芽，天边飘来七彩云；
当你突然飞出的时候，
我便陷入无边的黑暗里，
任凭江水冰封，落叶覆盖，
石头般失去知觉，但眼睛
永远向着洲头那片橘林
圆睁，以一个父亲的名义。

你是我生命中的蓝光

你是我生命中的蓝光,深邃旷远,
将我体内的尘埃洗涤一新。
那片儿时的云洁白如棉,
那弯墙头的月清爽如纱,
岁月的锋刃化蝶而去,留下美丽的庄园。

这蓝光穿透我的肌肤,直达心房,
唤起游子美好的回忆,童话一般。
我看到了五百年前的自己,
我嗅到了深埋庄园的陈酿,
假如此刻突然离去,我是微笑的!

致茜公主

在湘水女神的守护中成长,
像晨曦中翻飞的白鹭
让山水有了终极意义!
所有的面包都给你放在
掌心——我的宝贝:
拥有满园的日月星辰。
微笑是最高的褒奖,
如同桃花盛开,百灵啼唱,
洞开一扇南山的大门。
我们携手迈进——
以朝圣者、鉴赏家和工程师的方式
创造的一个属于白鹭的新世界!

微笑
——送给女儿的诗

恰似朝阳下的
露珠
凝聚了
所有的
光亮与
希冀

以通透的
眸子
闪耀着
无比斑斓的
七色光
照彻
那游子
褶皱不堪的
心门

将都市的

第一辑 情牵潇湘

雾霾
冷寂
灰暗
统统地
驱散
干净

梦的彼岸

我爱你醒来甜蜜的微笑,
爱你飞瀑般奔腾的激流,
爱你水晶样纯净的心灵,
这并不缘于激情和美貌,
或者俗世的种种,
而是另一种存在的韵律:
你怀里暗藏的真诚的生命之火,
悄悄将我侵扰和吞没。
哦,侵扰!侵扰!
哦,吞没!吞没!
在夜的女王粉墨登场,
在窗帘下一泓月半湾,
我体内开始燃烧诗歌和岁月。
只需你朝更北方向喊出一声高腔,
我就会出现——
带着杜康遗赠的佳酿,
和李白滑落的诗章。

致我的爱人

可爱的姑娘,你是一缕轻柔的风
曾在那样一个冬天吹绿了我的余生
世界是个简陋的车站,一张纸的距离
我们在站台演绎着平凡的话剧
银白的月光漂洗着每个甜蜜的日子
你外表柔弱,内心却坚如磐石
每朵云都被我镌刻成了你的名字
我卧在云端沉沉睡去,生死没有了意义
十年漂泊,由南到北,由北及南
满园的梨花覆盖了所有的梦外飞音
也渲染着亘古不变的主题
我的姑娘,继续向圣殿行进吧!
以落花的轻柔吟诵一个个蓬勃的黎明

七彩珍珠

你是一粒七彩的珍珠
镶嵌在我雪白的蚌壳里,
眨着天使般的眼睛,
翻开我人生——新的年历。

你的眼神是东山朝阳,
融化了所有的风雨雪霜!
于是,我单色的青春——
照进了七色光,以梦的名义。

此后,我成了一株蒲公英
积聚了春天巨大的热情;
在风儿掠过的地方——
述说着我所有的渴望!

百年后,我也将变成微尘
飘荡在所有所有的视线外;
或许,会有人记得——曾经
一个汉子的一腔柔情。

流动的夜晚

长长的走廊灯火透亮。
一千零一个小王子
在白色城堡间穿梭。
圆月爬上树梢时,
有个白雪公主
今晚要来城堡做客。
城头的十字架精美
闪耀,普照着
白色城堡每一间房子。
我坐在城头下祈祷
一个灿烂的黎明!

欢庆时刻

湖边桃花娇羞袭人
照着天使般的脸庞，
我打岳麓山而来
在一个绯红的黎明，
随时投向这欢乐时刻
——以过来人的名义。
洞庭湖水缓缓流淌着
一条青鱼探出头转瞬游去。
我真的很想是她，
拥有全部美好的言语，
拥有全部美好的声音，
活在童话的梦里。
美丽的世界棱角分明，
有时显得疲惫，
有时显得简陋，
我躺在屋后一棵榕树下
静静地喝着女儿红。
我曾经也获得同样的恩赐
在赵武灵王的城墙下；

但今年的春天属于她
——一个满月的孩子。
我的脸也渐渐绯红
如同两年半前的模样，
不想说太多话，
怕惊扰了芬芳的梦
和童话般的诗。

写在女儿三周岁之际

你是大漠里的一汪月牙泉,
让我短暂的人生饱含希冀。

每个晴朗的清晨或者黄昏,
我都在七彩祥云里翻阅阳光。

当我们在郊野爬山的时候,
总有一群喜鹊翻飞伴随左右。

我们吃着自制的水果沙拉,
把时间融入果酱洒在小小的掌心。

你用朦胧的音节歌唱生命,
就像我用单薄的诗篇捍卫城池。

你是另一个特殊的我,
在交错的岁月里倏然成长。

我攥着你藕节般的手臂

第一辑　情牵潇湘

匍匐在大地上找寻着祖先的遗物。

然后，我沉沉地睡去——
梦中的莲花不时发出柔和的白光。

你就躺在田田的荷叶上，
作为仙子的代表时刻召唤着我。

我们是幸福的

美妙的旅程总是短暂，
短暂里留下永恒的回忆；
成长的足迹缓慢向前，
缓慢里蕴藉无限的温情。
在年复一年的稻田边，
在春绿秋黄的麓山下，
我们守护着一个极好的你，
爽朗的笑语在空中盘旋。
岁月如练，生活似歌，
我们的脚步开始变得匆忙，
有时甚至沉重不堪——
但你糯糯的呼唤，
便是世间最好的灵药。
经年的时光收获了希望，
也消磨了秉性
消磨了棉花糖般的梦想。
但这些都不重要——
日子是过给自己的
谁也代替不了——

如同大雁南来北往不知疲倦,
如同雪莲不羡牡丹自是芬芳。
亲爱的孩子——
你是上天最珍贵的恩赐
是我们奋斗不息的希冀,
激励着我们永葆激情与活力
去创造一个明媚的明天。
当我们老了,在阳台上打盹,
在树荫下昏睡,在江边踱步
——我们是幸福的!

第十一枝玫瑰

今天，是玫瑰花开的日子，
是直线的交点，圆的切线，
是整个太阳，整个月亮！

今天，鱼儿都浮出水面，
彩虹挂满整个天空，
喜鹊绕着香樟叫醒万物。

今天，打开所有的魔法瓶，
翻出所有的赞美诗，
面朝湘江，阅读每页情诗。

今天，我什么也不做，
除了静静地看着白云飘动，
看着点点船只或隐或现。

第一辑 情牵潇湘

一株玫瑰

狭长江岸的渡口边
繁盛的龙爪槐下
有一株玫瑰幻化成人,
作为月老的特使
总是挎着装满荔枝
和樱桃的布袋子,
"游天下,天下游,
走到哪里哪里留,
心连心,手牵手,
此情绵绵不停休"!

七月的骄阳洒在
荆楚大地的每个角落,
她天天唱歌
用花瓣调制美味茶汤,
在一片片叶子上
写下最古老的文字。
"游天下,天下游,
走到哪里哪里留,

心连心，手牵手，
此情绵绵不停休"！

她开始了远行——
无边的高原大海
散落的村落都市
她从未觉得——累。
当她找到伏羲遗落的
另一张河图时：
"游天下，天下游，
走到哪里哪里留，
心连心，手牵手，
此情绵绵不停休"！

后来，她遇见湘水女神
被收为关门弟子
在重走南巡路上掌灯，
每个恬静的夜晚
都会躺在桂花树下
重复那支老掉牙的歌：
"游天下，天下游，
走到哪里哪里留，

第一辑 情牵潇湘

心连心,手牵手,
此情绵绵不停休"!

三个小太阳

屋里的小大人儿,喜欢
圆形的东西——
出现在她笨拙的彩笔尖下。

她画了三个像极了
棒棒糖的小太阳,
在一个小雨淅沥的晚上。

她认真地触摸着世界,
用手在白纸上慢慢勾勒起
眼里掠过的神奇印记。

画上火红的太阳照耀着
一脸风尘的我——
我疲惫的灵魂不再沉重。

我又回到了太行山下
牛羊满地草长莺飞的河畔,
——那里藏着我的神奇。

突然,她朝我嘟着小嘴说:
"两个太阳是爸爸妈妈,
一个太阳是小宝宝。"

小王子

我无法忘却我的花儿——
长着四根刺的花儿
她是那颗最小的星星上
我唯一驯养的花儿

就像广袤沙漠的那口井
就像那只狐狸
就像那个飞行员
都是我命中特别的印记

我要回我的星球了
五彩的宇宙太过纷乱
而我只想静静地
驯养我唯一的花儿

这副皮囊也太过沉重
留下这条金色围巾便好
可以作为皮带——
系在绵羊的嘴罩上

这样就很好——
我驯养着我的花儿
也驯养着绵羊与火山
我们的心是相通的

童真

宝贝们过得多好啊——
像云雀在枝头嬉戏，
并用人类最初的言语
解读着眼前的烦嚣世界——
颜色、光线、数目……
造物主的花园里堆满了
神奇古怪的东西——
她们乐呵地把每个物件都
贴上熟悉的标签，
冷不丁就是一句诗
或是某些狂欢的意象——
与造物主达成极致的
和谐——动人的成长愿景。

写在父亲节

父亲是个名词
大山一样地庄严
父亲是个动词
太阳一样地辛劳
父亲是个副词
蝴蝶一样地美好
而此刻——
我正追逐太阳
并享受着美好
以同样的修辞方式
但愿——
多年后的一天
女儿骄傲地说：
这个人同他的父辈
一样——
庄严——

一个期许

我期许有一间老屋
在这沩水岸边,
幽深的青山绿水
和无垠的稻田,
自由的鸡鸭犬豕
和高高的庙宇。
时间滴落在稻穗上
悄悄地——
结出饱满的粒子。
每个晨昏
我们都带着"嘟嘟"
巡游每棵手栽的树苗,
并采一些五色花儿
来供奉祖先的灵位。
白日抓到的鱼虾
还有收割的粮食蔬菜
一部分储存起来,
一部分在火炉上
按喜欢的方式蒸煮煎炒。

堂屋，树下，屋顶，
田间，河边，山坳，
都是我们用餐咏诗的去处。
寂静的夜里——
女儿在月亮船上睡了，
你也在船边打盹，
我趴在一粒稻谷上
描摹着——
今秋丰收的模样。

注：嘟嘟为一条小狗的名字。

美好时光

嗨！兮姐，兮姐——
你躲在哪儿了？
太阳哥哥已吹响了
早间愉快的哨子，
小火车正在开动，
刘老师熟悉地数着
活泼泼的精灵们。

嗨！兮姐，兮姐——
快来跳支舞吧？
葫芦娃摇头晃脑地
打起醉人的节拍，
苏菲亚动情歌唱，
夜神把舞台装点成
童话王国的模样。

嗨！兮姐，兮姐——
我俩过家家哟？
你是王母娘娘派驻

凡间的九公主,
把欢乐轻轻播撒,
让每个平淡的日子
变得有滋有味。

哦,我的兮姐——
生活因你更精彩!

哦,我的宝贝——
精彩因你而存在!

月亮的味道

今晚,我牵着女儿来到江畔
带着一个盛水的大瓷盘。
我们席地而坐,开始品尝
老师所讲月亮的味道,

一勺一勺的月光咕噜噜地
钻进我们鼓胀的肚子里。
女儿嘟嘴说:爸爸,我要生
好多好多的月亮宝宝呢!

为什么要好多好多呀?
爸爸,你看月亮多漂亮呀!
我要分享给中二班的
每一个小朋友呢。

寂静之夜

溪水的叮咚
时钟的嘀嗒
在门槛上交汇成
一首明丽的歌。

酣睡的酒窝
长长的睫毛
把父辈的愿望
轻轻地拉扯。

我们都是歌里
小小的音符,
汇成大河。
都是那愿望里
小小的火苗,
燃在心野。

我的心路上
踏出一道道辙。

穿行北方

茜儿,乘着飞机到了北方
那个生命萌动的城市,
手拿着月光宝盒捡拾起
我们流光溢彩的日子
——电影般闪现在脑际。

护城河,定福庄,一号线,
何等的壮丽留有余温,
一身身戎装醉了斜阳蟾月,
当年的你现在的我
与岁月唱着同一首歌。

那棵树下还藏着一块孔雀石
——写有七仙女的祝福,
请把它带回家种在花盆里
或者放入鱼缸草丛中
——投射出生命的绿光!

写在雨夜

每当走进山南溪畔时
便会想起了你
春草在泥土里向上劲长
杜鹃花在风中摇曳
错过了不必追寻
脚下的溪水会流向
远方,直到你居住的地方
那里春草如茵
那里的小河奔腾不息
午后,每当走进山南溪畔时
便不由得想起了你
想起我的那个你

秋之月华

那洒满湖畔的
缕缕银丝
是嫦娥吴刚醉酒时
摇落的桂花吗

抑或萤火虫为牛郎
细心铺就的
通天桥
直抵渺渺云汉

流动的素纱
是条条思念的线
一头系着我
另一头系着你

树梢上闪烁着
前世的渔火
当箕伯路过时
发出清脆的鸣唱

这鸣唱里是否
也有你扑扑的脚步
打林下
由远及近

天空越发澄澈
桂花依旧洋洋洒洒
而萤火虫
不断坠落离去

那洒满湖畔的
缕缕银丝
暗夜里将时间和空间
轻轻敲打

六月一日

六月
从茉莉花盆里
探出脑袋来
唱起青翠的歌。
小蝴蝶跳跃着
采摘那晶莹的词汇,
来回忙个不停。

你将苹果、杧果和梨子
小心地放在云朵上,
做成七彩的飞船
划向深蓝的太空。
我也开始梳理羽毛
翻出当年的行装。

你赠我一艘飞船
插上美丽的太阳花。
无数的太阳花
在屋檐下汇聚成诗。

我仔细地阅读
——高高举过头顶。

红宝石

新年后的一个午后,百草滋长——
你在四面雪白的花盆上描绘
草原的模样。白云翻飞——
一群大天鹅愉快地唱着赞美诗。

最后一抹阳光钻入湘江后,你把
草原搬回了屋里。希望因此
也日日滋长。在你的心里——
红宝石像妈妈的歌声一样闪亮。

今天,你把开花的草原又
搬到了教室,一路有蝴蝶萦绕。
小伙伴们静静地观察——
那抽出的高擎的红色的火焰。

二里半之夜

高速旋转的陀螺
在明暗里交替演出
一个主角搭上
两个配角

叙事从半坡小城堡
开始——
笔直的木兰路
青翠的桃子湖

间杂着熊氏兄弟
葫芦娃和龙猫
并于飞溅的浴花中
完成最后乐章

巨大的宁静
出现在贝瓦声声里
世界就只剩下——
一盏小橘灯

小夜曲

秋风阵阵，樟树叶纷纷坠落，
蟋蟀不停地唱着晚歌，
就像你琴弦发出的响声
给夜神送上一部喜剧。
线条式的生活充满期待，
日复一日的期待——
这美妙的声响是孩子
叩问天空和大地的惊奇，
也是大人心头的惊奇，
如同樟树叶纷纷坠落
铺满前行的路。

第六首晨曲

我整夜往返于蓝色天河,
不停地点数每颗珍珠上
你的名字——
同呼唤你俊俏的名字相比,
我更愿意每天看见
你的微笑——

自从我的日记本上写下
你俊俏的名字——
河面上总是泛着蓝光,
我也习惯从蓝光里捡拾
更多的珍珠——
伴着你甜美的微笑。

五点二十分

——写在女儿高烧的拂晓

宏大的天幕尚未拉开
床头有几许远光若隐若现。

你迷蒙中的咳嗽声
惊跑了这个静谧的使者。

壁光却从我的手掌爬起
抵达你梦的蜗壳。

我在蜗壳里小心穿行,
为你标注一个美丽的韵脚;

并取来半杯温润的甘泉,
灌溉你发芽的麦地。

当壁光轻轻地爬上树梢,
你在蜗壳里沉沉入梦了。

我跟猴哥学了点魔法
变作一盏橘灯倒挂窗前。

在静极了的黑夜里
摇曳……

庄严地迎接那第一缕晨曦
漫过山巅，拂过耳际。

小城堡

一条八爪鱼游向
栽满童话的小城堡
带着我们的——
七彩蜡笔与手链

那里有许多阁楼
——放着饱满的种子
每扇窗子上
都挂起金色的旗子

静静的河床上
星星船轻轻摇曳
美丽的船长们
吹响一天出发的号角

当桅杆绕过
远处一片枫林时
天空有云雀
在拨着高音忘情歌唱

第十五个日子

昨夜我梦见月亮变成一枝玫瑰
轻轻落在今晨你的碎花枕前,
太阳收集起一些星光慢慢洒在
那碗飘着葱花的鸡蛋面里,
茜公主不停地唤着你的名字
——连同我的名字一起。

饭后我们在心中静静地祝福
讨人嫌的病毒不再四下流窜,
身处疫区的同胞得到及时救治
勇士们全部安全归来,
每个人可以唤着对方的名字
——连同祖国的名字一起。

生日派对

五月是朵温情的花儿,
生日就是美丽的花蕊,
温情的花蕊里——
有孩子们美丽的回响。

人间暖暖的友谊——
从自制的贺卡开始,
从一桌子美味开始,
从眼神传递开始……

在繁多的学业之余,
在常常一个人的天空,
她们都期待这样的美好,
并会把这些美好留给梦境。

而这些个美好啊——
感染了整个悲伤的年岁,
也感染着曾是孩子的
长大了的我们。

少先队

一整天,你都被明亮的红领巾
发出的光芒所包围所吸引,
在美丽的操场和安静的教室里
这灿灿的光芒——
就像是黑夜里的根根蜡烛
或是拂晓时满天的星辰
照耀着和你一样的每个孩子。
你高高地举过头顶的五指
如同我当年紧握的拳头,
在铁血铸就的红色旗帜下——
把自己交给这灿灿的光芒。
这里,我真诚地希望——
你,读出以前的那个我!
我,写出以后的那个你!

岁至不惑

不经意地穿过了很多的春秋
还有热极的夏和寒极的冬。
一切的一切都在生长——
樟树枝遮住了低矮的房子
水杉爬上了六楼的窗户
仙人球开出了艳丽的花朵
像是以前的你,现在的我。

那些零零碎碎的美丽语言
正逐渐消解在最平凡的事情上。
一杯老酒一壶陈茶一件旧玩
以及那些断断续续的情谊,
其实不需要太多的表达——
落在心里的印痕始终如你。
希望——每个清晨醒来都能
听得到枝叶间小鸟的歌唱。

第二辑 心沐大千

风雨路,
小径斜,
妙笔写春秋,
丹心唱芳华,
天涯一碗茶。

剪纸艺人

指尖下，孩提时的记忆
被谱成一曲滚烫的民谣
回荡在游子孤寂的心空
涌出故乡的明月故乡的帆
指尖下，遥远的向往
被写成一首粗犷的诗词
撞击着游子柔弱的心门
传来爹娘浑厚绵长的呼唤
在流动的线条间
我闻到了生命不屈的气息
在五彩的图案中
我触到了岁月笔挺的身姿
呵！纸与刀的盛大交响
拯救出一个失落的部落
倾尽一生的求索——
只为击响那远古文明的钟声

起风了

——写在漕运古镇

起风了
芦苇伸长手臂
弯成一座平缓的拱桥
起风了
池鸭列队回家
犁开一条斑斓的小路
起风了
黑鹰匆忙掠过
鸣响一个清婉的早春
起风了
有个人朝南走去
耳垂下挂着灿烂的光
他走上平缓的拱桥
他穿过斑斓的小路
他进入清婉的早春
就这样走着
双脚从未停歇

第二辑　心沐大千

为着一个简单的目的
起风了
落日留下一个词牌而去
他蘸着月光认真地填词

千日红

满目静美的山村,那是
一块造物主的自留地;
有朵美丽又倔强的花儿
在风雨中高唱生命走向闹市;
化作一缕秋日的晨光——
庸者无法理解
她内心的高贵。

豪壮的唐诗,飘逸的宋词,
静静地流淌在娇柔的身体里;
激荡起的浪花轻摇着睫毛,
一同进入澄明的眸子倒影成像;
口吐出串串珠玉般的风铃,
没有人知道
它的来历。

就像一座威仪八方的佛像,
需要忍受岁月精雕细刻的煎熬!
鲜红一千,馨香一千,执拗一千,

只为守候日出日落,守候月圆月缺;
并用尽一生的光芒去
温暖城市那片
有些冰冷的人间。

相逢

我们相逢,当晨曦绕过村口
或是涧水漫上田埂,
微风轻抚着那片白杨林,
你什么也不说,我什么也不问。

我们望着远山和云彩出神,
幻想着山外的大世界精彩绝伦。
棉花糖般的牛羊散在草滩上
凝结了我们共同的梦。

然后,在路的尽头分开——
你的发髻上留下一缕晨曦,
我的口袋里装进一片云彩,
你什么也不说,我什么也不问。

岁月淘洗着光辉的梦想
也枯萎了那片白杨林,
多年后的一天,不经意地回首
竟让乡音成了奢侈品。

第二辑　心沐大千

同样的路的尽头——
我送你一片远山的红叶，
你赠我一枚涧水中的卵石，
你什么也不说，我什么也不问。

一池碧荷

每当我穿过山水走近你，
我便成了你其中一枝。
在苗寨清洌的水田里，
你把希冀一遍遍播撒
就像那个去过十八洞的人。

你绽放在必经的路旁，
向每一个到访的客人
述说着师大"精准"的故事，
并把芬芳的诗意
捎向山外遥远的都市。

你一年比一年茂盛，
就像一个多日不见的少年
昂首挺立在天地之间。
突然词汇黯然失色，
我把一朵飘落的花瓣
夹入日记本的扉页。

元旦记事

虽不愿提及——但还是来了
——在一个温润的黎明。
红腰带的年里须诸事谨慎,
据说这样的年月中,人显得脆弱
——鬼怪也易找上门来。
老人家的话要记得,就像士兵
记得长官的话一样
——有时比名言警句更受用。
我不躲,也不藏,
用心领悟世间的一草一木
——且唱着妈妈教的儿歌。
如同涧水——永恒地流淌
——这是个简朴的道理。

一件毛衣

——致老连队指导员

自从穿上这件毛衣后——
冬天便不再冰冷。

每个线头里面
都存有你伟岸的身影,

伴我走南闯北——
到达奔去的每个地方。

我小小的心渐渐膨胀起来
像是草地上的蘑菇。

我向全世界宣布——
生活本有多可爱——

十五年前是这样,
十五年后还是这样。

第二辑　心沐大千

我在云端上放声歌唱，
向着雪莲向着红柳向着战鹰，

向着每座高山每条河流
向着每个遇见与即将遇见的人——

大声诉说：你的美德曾照亮
一个士兵潮湿的夜空。

直到那些细碎的日子
雪一样地爬满枝头和屋顶，

我撷取几瓣晶莹雪花
小心翼翼地装入信封。

此刻，又一阵寒流
呼啸而来

我望望无际的穹顶，
转身坚定地向前走去。

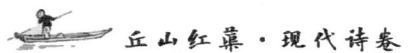

第二件毛衣

当潇湘夜雨飘过咏归桥时,
粼粼的波光在我的眼睛里闪烁。

健硕的天马山战神般
守卫着上古热气腾腾的城池。

雪龙伏在城池的一角,
向着九层之上的天空飞驰而去。

天空中交错的航线上
曾流过我们忠诚的青春与热血。

历史的点迹不会重现了,
八连的约定却时时如影随形。

像这北去的湘江川流不息,
镌刻在每一颗闪闪的红五星上。

他是一名老飞——

他是我的指导员——

我们的话题关于生命和生活，
从一双可爱的女儿开始。

深邃的眼睛是明亮的月牙
放映着一段又一段倥偬的日子，

从雪白的台灯上洒下粒粒珍珠。
在狭窄而整洁的茶几旁——

我们把"家"和"国"两个字眼
高高地举过头顶。

理想与现实总是结伴而行
不断修复和注解着庄严的灵魂。

围墙内外都是世界的一部分，
我们小心地行走在回家的小路上。

而他的影子在我的世界里滑过
留下一道深深的辙印……

立冬的钟声已敲过二十三遍,
有天使打开了九层天空的大门。

他送了我一件毛衣。
比十四年前的那件颜色深一些。

他是一名老飞——
他是我的指导员——

三酉

你是——敌国的女儿，
让我畏惧又让我痴迷！
仅仅是一瞥——
已将"向往"两字深情传达。

可这美妙的山泉佳酿——
不知是刘伶的珍藏，还是
李白沉醉江心的毒药——
在你动人的面纱后藏着什么？

哦，我双手合十来超度——
我们长久以来的情缘……
长亭外，古道旁，斜阳下，
——我依然微笑着等你。

送给 N 的诗

书桌上亭亭的水仙
放出奇异光芒，
阳光洒下些许问候
打在短发姑娘的心田。

蓝色天空中的客机尾翼
画出一条长长曲线，
教堂的钟声时隐时现，
年味儿驱逐掉所有的乌云。

既然你心仪远方，
就须享受这巨大的寂静！
因为没有人——
可以轻松横渡岁月之河。

小乔

你是湘妃的一滴眼泪
落在洞庭湖畔。
伴着周郎官邸,
伴着江风明月。

历史的大手一遍遍将你
托举在芬芳的莲蕊上。
而你,仅仅是需要一个人
——平凡到老。

绣花鞋上的每个针眼
都是关于思念,
就像满天的星辰
耀亮在你童话般的心空。

春夜

沉沉的白日飞逝而去,
月光里的宁静使我迷醉,
我躺在她的怀里
像个牧羊归来的孩子。

不做什么事情——
只是听星星低头呢喃
或是与三朵茶花
畅饮一杯山长的老酒。

世界变得意趣盈盈,
掌心的花瓣升入天国;
一颗流星带给我
今春第一张风神的请柬。

胡琴故事

我曾认真地聆听，
恍惚就在昨天
胡琴携星星来爬山。

跳动的音符
在池边试着新装，
弯月微笑不答。

一朵桃花落入
时间流的黑洞里，
我双手用劲去打捞。

还有不眠的糖宝
读起了泛黄的心经
和一本经年散记。

抬眼，我见到
兰草独自走入碧亭
唱起欢快的颂歌。

山茶花

请朝着关山那边
俯瞰,太阳的小王子
在大块大块的图案上
正挥洒着醉人的白色焰火。

从冒烟的城市逃离,
走入女娲剩下的土地
冥想——是上苍的怜悯
还是寻找变得艰难?

我等待一只蝴蝶飞过
我的眼帘,或停在某个
枝丫上,把美妙的记忆
一遍又一遍地收割进怀。

哦!这火焰不要消失吧
——我默默祈祷,希冀
化入你田垄下的根脉
——时刻眺望蔚蓝和光鲜。

梦的花儿

当黑幕完全遮盖了大地,
在世界尽头的崖下——
有一朵花儿发出白色亮光。

我的心开始颤抖——
如同种子在泥土下生发
以一种持续默然的神力。

也许这花儿即刻会死去,
还没来得及接受我的问候
在我登高眺望的时候——

小子,请不要悲伤吧!
多年后你就会发现:
她已铭刻在你的墓碑上了。

羽毛球

白色的鸽子飞翔——
从网状墙体的一端到另一端,
从一双手到另一双手,
从晌午一直到黄昏——
流星般闪耀着
雪白雪白的光辉,
利落的羽翼
滑出一条曼妙的弧线——
因而,生命里最原始的花蕾
渐渐舒展
开出一片洋洋的春意。

银鱼自由穿行
在密封的水池里——
从东南到西北,
从前线到后方,
从峰巅到谷底,
墙体上落满花瓣,
芳香从一只手传到另一只手,

从晌午一直到黄昏,
直至进入甜蜜的多彩梦境——
白鸽翔集,
银鱼跳跃,
有人在水面上愉快地嬉戏。

观音莲

在我的白色窗台上，
在我的碎花书桌上，
在太阳和月亮能够到达的
任何一隅，
莲影飘飘。

翡翠色的衣衫
闪着星星般耀眼的琼光，
一顶紫色的帽子
承载了几多岁月流年，
一切默默不语。

点燃一支檀香，
跳进粼粼的波光里
自在仰俯，
并侧耳倾听天外袅袅的
梵音。

我游向发光的深处，

穿梭在座座加持后透明的
塔尖上，
拿着紫色的火把，
诵读几页泛黄的经卷。

戒指遗落

早上才发现上帝预订的戒指
不知何时遗落了，
在一段繁忙的赶路之后。

寂寞的角落热闹了起来，
我拎着巨大的忧伤
穿行于过往的每个驿站。

愚人节已经远去，
其孪生兄弟却不请自来
带着流年的咒语。

哦，老天，不管那么多吧！
没有什么可以阻挡
一颗年轻的寻找的心。

泉眼

你所不愿的——
已经发生,在一个
美丽的晌午。银杏叶
遮天盖地,白玉兰
开得异常芬芳。小池里
鱼儿自由地嬉戏,山腰
某处的泉水——
叮咚作响。没有人知道
泉眼的忧乐。看风景的
依旧欢喜。翠竹下的
满是期待,像鸟一样的
天性——总是想飞——
渴望远方,并借此供养
真诚的心灵。让真实
活下去——呵护好暗夜的
火苗,即使微弱不堪
——也要光照一时一地。

办证日

他们从三湘大地涌来，
还有西北高原，黑土地
和大洋彼岸。孤寡的
老人拄着拐杖，离异的
夫妇愤愤不平，父母双亡的
遗孤心事重重。唯有
健在的夫妻可以聊慰
——目睹星星在闪烁。
一切是为了十五年前
那场沸腾的盛宴：诗意地
栖居并工作着。

一队人转战于湘江南北
麓山内外，像是驾驶一条
硕大的船，在无边无际的
水面上疾驰。风浪拍打着
船体，每个人都紧握双桨
不停地重复地持久地滑行。
不可否认，眩晕与呕吐是

正常的生理反应。但成功的
喜悦依然胜过一切——
如同两千人一起微笑
在心海久久回荡。

在奋进的年代,奉献与
专注是深水里灿灿的珍珠
不可多得,亦需小心呵护。

雨落山前

深夜，我用双手打捞雨滴，
在路灯下，在山路上，
在丈量过的每寸土壤上。
我顺路叫醒了入巢的山雀，
巢居的松鼠，酣睡的白猫，
还有树叶间蠕动的闪亮生命。
我戴着一顶米黄色草帽，
上面写有约定的字符密码。

我已经装了满满两个袋子，
并用麻绳捆紧。或许没人理解
为何偏偏钟情于这廉价的东西？
也罢！但这是上天与凡夫
沟通的方式——穿起一粒粒透明的
梦想——播撒人间。
我在透明的梦里吃得敞亮，
睡得安宁，没有人可以随便打搅。

回到家，我将雨滴放在书房里

虔诚供养,如同侍奉慈悲的菩萨。
我们几乎是朝夕相伴,
而时间——因失重变得轻薄离奇。

不久,书房里长出了一芽新绿。

铁路

我喜欢铁路,直到——
南下潇湘,厌恶占了上风。
一旦靠近,就撕扯起
长长短短的漪涟——
离别的山谷和村庄,
走过的城市和营盘,
遇见的亲人和朋友,
以及心动或心痛的地标。
一个个地标铺满心怀,
像星子在经纬线上
——翻腾,闪烁,震荡。
我喜欢宁静,甚至虚空,
如同离巢偏居的鸟儿,
在朝霞中翱翔,在晚云间寂落。
任何引起波动的名词
都让我陷入久久的回忆里
不能自拔。而铁路,长长的
铁路——似一只大船,
载着我肆意地横行冲撞,

让我头晕目眩,遍体鳞伤。
因此,我尽量躲避这个
词组和与她有关的句子,
除非万不得已。

青青时光

青青时光铺满庭院
久盼的日子已经到来

山雀在枝头盘旋
一尾尾银鱼游向远方

草地上蝴蝶翻飞
树荫下的世界纯净无比

歌声响起的时候
你踮起脚丫翩翩起舞

长龙般的队伍里
你是灵活的小八爪鱼

涂鸦的纸上开始记录
象形文字——神秘的钥匙

我屏住呼吸看画笔

和桌子在愉快地攀谈

明天从今天开始：
就让幸福的阳光普照吧！

老转的心事

我从遥远的渤海湾离开
来到四季常青的湘江西岸，
摸爬滚打的日子消解在
朝九晚五的时代套餐里了。

白天是一条嘈杂的运河
飞快地流逝让人猝不及防，
只有夜晚，一些细碎的
影像在路灯下不断地摇晃。

我骑一辆单车徘徊在那
宽大的球场上，空无一人；
四周的天空有天使闪现，
似在提示我——来之安之。

哦！我是个独立的宇宙，
披着时间的外衣渴望永恒；
夜更深了，我倒上一杯
二锅头祭奠逝去的岁月。

放生

集市上,一只小龟说,
喜欢大海的声音,
那里有祖先
留下的城堡。

我就顺手带它离开这
狰狞恐怖的陆地。
黄昏,穿过马路
抵达湘江畔。

在水草茂密处,轻唱
生命颂歌,送它
踏上奔赴那城堡的
漫漫归程。

它迅急游走,又停下
探出脑袋来回望。
我挥挥手,它转身
消失在洪流中。

写在中秋丑时

一个喜欢安静的孩子
在执拗的王国里向前穿行,
一个热爱生活的孩子
在理想的伊甸园独自耕读。

平阔的湖面粼粼闪光,
偶尔也会风起云涌雨落亭台,
巍巍的青山默然无语,
有时也会火光冲天一片狼藉。

他在湖面上搜索
搜索曾经到过彼岸的兰舟,
他在青山上追寻
追寻曾经攀登绝顶的云梯。

他讨厌华丽的虚伪
以及一切拐弯抹角的东西,
他拒绝违心的附和
只钟情内心的真理和道义。

他总爱田野素食简行,
想着世界本来该有的模样,
并在星星编制的桥下
感激所有或美或丑的遇见。

他从不读畅销励志书,
在泛黄的意象里闭门不出,
如同冷对明星和偶像,
造神的日子讽刺多于幽默。

站在祖先的墓碑前
都将是历史的微尘随风散去,
活得明白比小心地
糊涂也许更加接近人性本善。

他在朝圣的路上跋涉,
湖面倒映着巍巍青山,
虽然那兰舟尚在远方,
虽然那青山依旧高不可攀。

现实的魔咒并不可怕,

滚滚的车轮驶向复兴的大门，
洪流中的一个小分子
也要书写天下大同的洪音。

深夜的台灯下，杨先生的
声音越来越贴近耳际——
"我和谁都不争，
和谁争我都不屑。"

送给 D 的诗

可否心空留下一丝月华？
静静地流淌，在窗前枝头
或是积雪的山顶，以及
你疲倦不堪陷入洪荒之时。

条条银线不升也不降，
浮在夜鸟与飞鱼之间；
棉絮般守护着清凉的世界，
远看如练，近触却无。

虽然，太阳出来就死去，
像积雪消融无影无踪，
但可否心空留下一丝月华？
黑暗尽头尚可熠熠生辉。

可否心空留下一丝月华？
在无言的结局处打捞
发光的碎片，小心保存，
并祈祷来世还会再相遇。

一些印象

时针倒转至上个世纪九十年代：
山谷的秋晨露珠铺满大地，
彩色野花在晶莹里尽情舒展，
村口，走来一个鹅蛋脸的姑娘
挎着书包唱着邓丽君的小情歌，
黑亮的眼睛不时向山外张望，
那是她梦里曾无数次到过的地方。

第二年仲夏夜村里唱大戏，
台下——她盯得女歌手死死的，
好像明年的舞台就是她自己的。
悟性颇高的人总喜欢挑战，
比如颜值，比如现实，比如世界；
纯净的血液越来越沸腾了，
瀑布般注入她少女天真的心房。

后来，她告别了小山村，
再后来，她去了梦里的地方，
十年后，她又回到那棵槐树下，

她憎恨命运这个丑陋的无常鬼
将她的梦撕得粉碎不留余地，
如同憎恨当初的文学和音乐
害她走向远方又迷失远方一样。

寒露之夜

今夜没有诗，
今夜没有酒，
只有丹桂在檐下静静绽放。
星子坠入江心，
蟾月归隐山麓，
青白色的楼宇里灯火摇曳。
无边的黑夜阻隔了
缤纷如昼的岛屿和街市，
静寂忘情地舒展着，
有露珠从草尖轻轻滑过。
疏影婆娑下，
当我烧好一壶桂花酒时，
又恰好遇见——
一位自称柳七的海西孤客。

尚书房听曲

纯净无碍的茶馆
走进一队手持梨花的行者
操着南国的水磨腔

清婉的笛声
过滤了所有的傲慢与偏见
袅袅茶香四溢开来

灵魂突然从梦中苏醒
跨上会飞的木贼草
在亭台楼榭中往复穿梭

像一团火焰闪烁苍穹之上
有时垂落莲蓬上舞蹈
有时依偎鹊桥边痴言

而那历史深处的凝重回音
从一朵朵梨花上
踢踏而来……

玉兰路

日子在玉兰路上轻轻滑过
像一尾小蛇穿越草丛
落下几片泛黄的花瓣
让时空变得模糊且毫无意义

不管要走出多么远
起点和终点都是玉兰路

有时两个人
有时三个人
更多的时候是一个人
扛着太阳反复收割一些霞光

不管要走出多么远
起点和终点都是玉兰路

由着花开花落
遍看人来人往
没有谁是必然中的必然

只有长长的路伸向那远方

不管要走出多么远
起点和终点都是玉兰路

逝去的韶华不复来
幼小的生命跌跌撞撞成长
有喜鹊年年枝头筑巢
日子在玉兰路上轻轻滑过

不管要走出多么远
起点和终点都是玉兰路

九点半

女儿轻轻地飞进积雪的狗熊岭
带着她的七个恐龙小卫士

书房的小橘灯依然明亮
不时传出有板有眼的京腔湘韵

我拿着前年淘来的三个葫芦
在浓雾弥漫的山路上放肆行走

吉吉国王举行了
一个盛大的欢迎晚宴
眼巴巴的光头强也应邀列席

那杜丽娘幻作彩蛾叩门造访
橘灯下把郁结已久的话儿倾诉

葫芦在清风中奏出五阕低回的歌
斑驳的影子在微弱的光里踏拍跃动

是啊,夜深了
二十五个天使守护在两座山之间

一块石头的自白

我在娲皇补天时不慎坠落人间
便开始了漫长的沉寂
带着巨大的遗憾与哀愁
横在赤壁丹崖的五行山之中

二百年后,幸得骊山老母点化
昼夜苦修等待执冰纨之人
谁知等候是比无奈更深的焦灼
远远胜过那些个遗憾与哀愁

绝望往往是希望的前夜
不幸同样是万幸的本钱
执冰纨之人出现了——
在四百年后的一个深秋拂晓

她素手一挥便点石成人
——将我带至无涯世界
可是,我总看不清她的面庞
风一般走在前面的她不肯回头

第二辑　心沐大千

我影子一样跟得紧紧的
生怕再次坠落陷入万劫不复
唯一的请求就是——
不要这么迅疾，不要这么迅疾

戏文沙龙

一拨儿象牙塔里的年轻人
聚到三亿岁的山前
海聊着桃花扇、临川四梦
香闺里的杜丽娘、崔莺莺
河西的尚书房、正赶往
苏州虎丘曲会的"昆虫"们
当水磨音响起时
楼舍变成了秋日的花园
在古朴的亭台上
滑过别人凄美的传奇
留下自个儿莫名的感伤
寻梦的脑际里
回荡着几句清婉的唱词
跟随晚风轻轻飘动
落在两块惊艳的石头上
一块叫作戏剧
一块叫作戏曲
两块石头中间站着一个
眉目朗秀的盛世遗民

操着绵柔的江西口音道:
"——不入园林
怎知春色如许——"

战友相逢河东

晚霞铺满江面，
渔舟划向天际，
倦鸟复归山林，
那一抹蓝色
涌动在四面八方
向河东高地集结。

离开方阵的日子
"做梦都在走队列啊！"
没有多余的客套，
一声"干"里盛满沧桑！
经年的铁血飞歌
依旧高亢，嘹亮！

远处万籁俱静，
战机轰隆隆刺向夜空，
像雄鹰，
像闪电，
像一把令敌胆寒的匕首。

第二辑　心沐大千

我们走了——
我们的下一代还会来!

黑鸢

一只黑鸢迷失在云墙外，
迷失在一道猝不及防的
闪电中，当它正要回到巢穴
修补狂欢留下的创伤。
振翅不一定冲出重雾，
反而会枉费了全身的气力
以及那贫瘠的梦想。
但美好的念头总是
一个接一个地涌来，
哪怕撞得头破血流
失去崭新的羽毛。
蔚蓝才是不变的追寻，
其他都是人类强加的标示，
对忽逝的生命有多少意义？
它甚至来不及关心云墙，
它只想静静地栖息——
并聆听自然活泼的声响。

烈酒

是帮主的女儿
在无涯河里沐浴
唱起一曲高腔
震落片片春雪

见过她的男人们
都会得到奖赏
可只有少数人
受邀进入她的帐房

莫名的狂热之心
总是骑上大鹏鸟
绕着幽谷飞驰
只为一瞥她的真容

但却无法靠得太近
屋前美艳的花儿
不光有刺——
稍一触碰就会中毒

致敬余旭

我们曾两度一墙之隔，
你不认识我，
我也不认识你，
我们只有一个共同的
名字——中国空军。

我们曾一同并肩作战，
你翻腾在云端，
我驻守在山尖，
我们都参加了举国盛典
——国庆六十周年阅兵。

后来，你站在女飞制高点
——战机上翩翩起舞，
像个顽皮的孩子，
把金孔雀的梦想写满
祖国的大好河山无垠蓝天。

而今，泪水浸润的床单上

空中芭蕾的余温尚在,
雷霆玫瑰的剧本已翻开,
你却只留下一根永恒的
羽毛——在星空上镶嵌。

此时的我看着一个个热词
在云梯上跳动、旋转、倒立,
像是要编织一张巨大的网,
将父辈的喜怒哀乐统统
收藏——放在南天门的位置。

我愿意是一枚叶子

我愿意是一枚叶子
在历史的年轮上栖息。
紧靠着那老字号
舒展在温和的光线里。
和谁都不争,
独自尘埃中,
将美丽心情一遍遍地
抒写在每一个——春夏秋冬。

追忆

从未对你说出
那两个字，
当我还在焦灼的
懵懂时代。

村边抽芽的柳枝
年年碧绿，
有些话儿却
一出口就会凋零。

多年以后
星辰依旧闪烁，
只是照耀了麦田
暗淡了故土。

猛然发现——
虽字眼枯老
黄天起皱，
但记忆一直鲜亮。

你可知道

你可知道——
我无法说出口，
在贫瘠的田地里
刨土豆的时候。

柳叶——泛黄
溪流——干涸
东山顶上的云海
遮住了太阳。

我忘情地等待——
苞米满仓了
就来找你
带着足够的底气。

可那天回家，
我却半死不活。
——你早已
披上了红色嫁衣。

第二辑　心沐大千

喜欢花开的模样

喜欢——花开的模样
就像最初的江岸，
把花瓣种在——系着
同心锁的香樟下。

虽然只是一个象征，
以后并未再理会，
但它的模样已深深镌刻在
岁月的过去——未来。

保持微笑

亲爱的,请保持微笑——
在任何或急或缓的时候,
如同窗前这株银杏
历经百年风雨依旧俊秀。

生活的色彩不在旁人的
意识里——在心里,
即使是一块顽石
也有自己的动人传奇。

世间没有迈不过的山梁
除非你甘愿停止脚步,
谁会知道太上老君的
紫金葫芦里装着多少宝贝?

爱晚亭遍处是归人。
亲爱的,请保持微笑——
记住那古老的语录:
没有两片完全相同的叶子。

年味

（腊肉的味道越来越浓……）
晚上，女儿擀起了饺子皮，
把"年"紧紧攥在自己手心。
我看着她，像看见一弯新月
另一个自己，在时光之镜。

（锅里的沸水响个不停）
女儿把饺子一个个摆好，
如同银河里的星星
镶嵌在小小的面板上，
窗外的爆竹：噼啪，噼啪。
星儿带着"年"的遥远传说，
争先溜进沸水中，
把成长定格在玉兰路四栋。

日子

日子
是河滩的沙粒
永是流逝
我曾经
攥着一把沙子
举过头顶
浸入河水时
又很快
没了踪影

它像个绅士
从不张扬
遇到水
就千万里
风一般追随
又遇到泥
就原地
长成树的模样
于是

第二辑　心沐大千

人们发出
感慨——
它才是
无冕之王

靴子的故事

在开学的头一天——
每个人都得到了一双靴子。

夹道的玉兰花肆意绽放
迎接着纽约归来的蒋公一家。

我们有太多的不可能
却在去年的饺子馆接近可能。

我们依恋同一个中国——
并将历史的面貌一点点拼接。

今晚,一只只会跳舞的靴子
使干瘪的日子和人生变得温婉。

我和爱人躲在大香樟下期盼
圣诞老人再度光临——

而每一朵玉兰花都在深情吟咏

第二辑　心沐大千

在这春风沉醉的晚上。

哦，我必须干一杯红酒
当星子落入我的睫毛和耳朵上。

且在它犁开的一扇拱门旁
蒋公正给雪橇犬讲关于梨园的旧事。

不会忘却的祭奠

祭奠是为了不忘却——
为民族存亡流干热血的
忠魂——国家的脊梁——
不分族群、阶级、肤色
或者其他可以区别的名词
——只有一个共同的名字
——中国——中国——

今天,老师们给幼儿心田
种上了爱国的
善根——如同星星之火
定格在某个经纬相交的方位
——明天,幼苗就会长成
大树,星火可以燎原——
中国——这个古老的称谓
会长盛不衰绵延不绝——

第二辑　心沐大千

插柳村的萝卜

一个萝卜，从遥远的
插柳村来到我的手上——
我把它栽种在阳台上——
每日浇灌湘江之水。

它像是一个演说家——
爽朗地告诉我关于"精准"
背后的一些人和事
以及湘西南的神秘过往。

它的枝丫向上直蹿
如同后山东升的朝旭——
直至开出淡紫色的花儿——
一个个难忘的脸庞。

之后，我把落下的花朵
集在心形的玻璃瓶中——
乘风放入浩荡的江水里
让花香——四处飘散——

微雨黄昏

微雨潇湘的黄昏——
我回到了两千年前
汨罗江边那片稻田,
像一只云雀落在枝头
唱着故国的楚歌——
"乘骐骥以驰骋兮,
来吾道夫先路!"
我沿着江堤找寻——
那块曾有过大夫温度的
鹅卵石是否尚在?
还有通往玉笥山的那条
羊肠小道是否安好?

我是一只南飞的云雀
唱着故国的楚歌——
"惟草木之零落兮,
恐美人之迟暮。"
在过去,
在而今,

第二辑　心沐大千

在未来
——为你高洁的品格！
——为你不屈的诗魂！

雨夜一角

雨滴稀稀疏疏地拍打着
窗外发黄的淡蓝色遮阳罩,
鼓点般催促着路上的行人。

转角的灯火在大片樟叶间
发出粼粼的光,好似夜神
无数只眼睛投射到人世。

烧烤店的立柱旁有一只
饥饿的白猫,以警惕目光
四处搜索可以果腹的骨头。

隔壁巨大的玻璃窗后
一袭藏青装束的老板娘
正跟着节拍扭动起腰肢。

黑色的轿车呼啸而至
转眼又洞入无尽的黑暗里,
我推门——也洞入了黑暗里。

冰糖雪梨

有"任务"了。一只雪梨
便跌落进时间的瓷盘里,
穿过水帘洞后,把心
藏到天使的宝葫芦中。

天使施展出惊人的魔法:
取来东海的冰晶和
昆仑山上千年的红果
注入它空空的心囊——

飘然飞入兜率宫。在八卦炉
六丁神火的助力下
炼制出百里馥郁的——
冰糖雪梨,完成了它

华丽的蜕变。芬芳之气
环绕着灵动的天使,
辉映着生活该有的模样
以及梦想真实不虚的地方。

风雨之夜

我忐忑的心骑在一棵大葱上
抛物线般落向墙角——
那块郁结了成见的地方，
有两只蚂蚁刚好大步穿过。

你说鸡毛可以做成令箭
我说蒜皮还可改为风车
但那令箭刺中了大葱——
你驾着风车雨夜狂飙！

咚！大香樟的信使到访——
瞬间风停雨住——
窗口飘进淡淡的泥草味儿
弥散在你发光的睫毛上。

信仰

信仰是一把尺子
度量过去
也度量现在
信仰是一面镜子
映照先人
也映照后辈
信仰是一滴眼泪
感念英雄
更感念和平

秋风

一粒粒银杏
啪嗒啪嗒
掉在茂密草丛中，

一颗颗酸枣
骨碌骨碌
落在屋后石板上，

树梢上
大团大团的云
仰着头肆意竞演，

我站在半坡
一动不动
像极了一只山鹰

注视着大千世界，
任红叶沙沙
画出道道弧线后

躲进——翼下,
树下小潭
粼粼的银波里

有淙淙的期待
映照着晚霞
还有满山的银辉。

不要!惊扰了
他不愿醒的
梦,薄雾弥散的

样子就挺好:
有也是无
无便是有

所有的苦乐
都密不可分
风一样拂过脸庞。

秋歌

清凉的风充满了忧郁,
骄阳仍炙烤着大地,
一种不合拍的调子
在桂花丛四处游荡。

这声音穿过山林
横过大桥楼宇,向那
冷酷的云团集结而去,
使我的眼睛模糊迷离。

白得发亮的幕布上
无数的星子悄然消退,
只剩下唯一的火亮
编造着激昂的传奇。

我却走向树丛深处
一片恬静自在的乐园,
生怕这强光——
刺痛眼睛,灼伤灵魂。

第二辑　心沐大千

福分

我们已踏进心的庙宇,
香火袅袅,宁静庄严。
两条小河汇成碧湖。
世界都在身后了——

玫瑰包裹着前进的信念
一路唱着低回的调子。
——十年一个轮回——
我们在日头的肩上发呆。

一个秋天的拂晓

夜幕拉开了,我一不留神闯入
晨光的领地。秋风裹着浪花
也来了,低头不语。
我奔跑着,企图追赶月神
遗留在人间的那支蜡笔。
但终是徒劳,一尾河虾告诉我
它曾为此失去半根触须。
于是我停在滩头,从迷雾里
解读经书所曰:"无色无相。"
但,只是井底蛙的遐想罢了。
回首处兀立的鱼竿双目圆睁
——迎接这飒飒秋风!
我毅然跳入一朵浪花的怀抱
放弃追赶那神奇的蜡笔。
那浪花携我至浮萍下,喃喃自语
道:"子非鱼,子非我。"
我禁不住落下一滴泪。
这时天已大亮,我看见一只
灰鹊掠过头顶,没入山林。

第二辑　心沐大千

片断的夜

寂静的苍穹下，
你眼睛里藏着万千霞光。
铜钱草任性地缠绕起
秋日所有的美好，
升腾出几束夜的箭矢。
一个骑白马的人
向街口撒满蓝莲花。

酒歌

很想离去,却又
频频回头,只因被她的
真情真义所撼动。
这世道假的太多了。
而她——魔王的女儿
却天生地纯真无邪。
薄薄的日子里,她茶花般
绽放在窗口,给路过的
薄薄的面子分发粉底。
魔女也是个任性的孩子
不懂得客套和规则,
讨厌深宅大院,讨厌
弯腰驼背,讨厌
那些眼圈发黑的赌徒。

我总是将她忘记,
又不断地将她
想起——深深地想起!
她安静的时候——

第二辑　心沐大千

眼神里流淌着历史，
她狂舞的时候——
手臂上跳跃着诗歌。
她总是不见踪影，
又无处不在——
默默地修补着人们身上的
疤痕、裂缝和阵痛。
哦，我似乎爱上了她
——魔王的女儿
——月神的姑娘。
因为：她最接近——
人类原本的模样。

夜神之歌

夜神带我来到太虚之境：
半山半水的青峰上
一片竹林掩映着
三间青砖绿瓦茶舍。
雨花石路的尽头
长着一棵千年银杏树，
每一片叶子上
都刻有闪闪的经文
如同你的日记一样。

我盘腿坐在树下，
等待一个有缘的梦
从树梢进入到我的灵魂。
我梦见自己把美酒
献给了陈思王，
把香油献给了
西去昆仑的何仙姑。
头顶一只重明鸟掠过，
几片金叶坠落

伏在我的掌心。

此时，我听见夜神说：
"叶子是花的前夜。"
我喃喃地对答：
"我痴迷前夜"——
因为叶子上有你的
影子晃动——
你朝东它朝东
你往西它往西
磁石般形影不离。
我揉揉惺忪的眼
站在峰巅远眺——
一缕缕蓝光
穿过每片叶子
打在青砖绿瓦上。

阿姐鼓

几枚红叶
在书桌上静立，
阿姐鼓四下回荡，
潮湿的天空
雨滴沙沙
菊花绽放
银杏叶落。

我看见一位姑娘
轻轻掠过——
怀抱着丹顶鹤，
黑发高束
银簪闪亮
裙摆莲花般摇曳。

倪克斯的使者
拉上最后的幕布，
我盛上麓山泉
煮了一壶老班章，

第二辑　心沐大千

汗珠和泪珠
从暗处一同涌出。

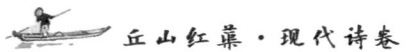

深秋的叶子

灰白沉稳的日子
消解着额头的寒霜,

叶子为这日子
刷了一层层颜料,
在脚步所到之处。

九姑娘抛下几粒
红果在寂静的山岗,

我走进这寂静里
聆听两只松鼠
关于秋天的解读。

岁末

朗照的天空，优美的赞美诗
以及高耸入云的十字架，
无数跳动的大小背影
挤向彩虹般的街巷楼宇。
高高的城墙下面
天使守护着每道关口，
一队队牧羊人急速掠过
在每棵树下放个盒子。
我们捡起其中一个
郑重地带回了家——
藏在枕头底下，
等候繁星闪烁时打开。

子夜弦歌

人生是一列列火车
穿梭在单行线上
不同的起点
同样的终点
当离开家的时候
就由乘客变成
一名驾驶员
每天紧握方向盘
奔波在——
一个又一个站点
我们可能相交
也可能平行
就像月亮和星星
或是星星与太阳
无论哪站下车
起码我们曾经——
闪烁过
珍惜过

第二辑　心沐大千

我的酒杯

我的酒杯高高举起
在每一个独立的风景里。
我的脚步随风而行
不跟在任何人的身影后。

寒风挡不住火热的心
却隔离了生命原来的模样。
一切显得重如泰山，
一切又显得轻如鸿毛。

二两五的金波是日月潭。
一半阳光，一半灰暗。
今日，我要把酒杯窖藏
化作多年后口中的女儿红！

我盛了一碗饺子

年是一只只饺子
——把美好都放在心里。

虽然——我默默无语,
但每个饺子都写着你。

芳华总会逝去
——只有你不曾离去。

我从孩提开始追忆,
那些属于你的我的甜蜜。

在我贫瘠的生命之地
——你挺立似松盛开如梅。

今天我想和你在一起,
屋檐上两根闪亮的冰柱。

呵,阳光洒过水杉时,

我看见了云彩上的天使。

——她在歌唱青春
还有童年以及那片朝霞。

我盛了一碗饺子
放在阳台阳光最好的地方。

——把美好送给所有人。

无题

我喜欢大地上
每一个壮丽的黎明。
我从密林走出
把号角响亮地吹起!
我看见一个诗人
手执长剑浮在云团之上。
我看见一朵花
从坚硬的墙壁里生发。
一缕曙光掠过——
有条蜥蜴弹起了琵琶。

微雨

细雨如烟的清晨
我沿着山涧而行——
那株美丽的红莲
述说着前世与今生,
焰火般掠过眼帘,
直抵我的——心口。

点点滴滴的水珠
敲击着岁月的浮尘,
那方经年石碑上
镌刻着信仰和真诚,
焰火般掠过眼帘,
直抵我的——心口。

这一天

当翻过小说般的"年"后
就迎来如诗的这一天——
七彩的山巅灵湖
有天使灵动地畅游——

夹道山茶木兰漫醉——
亭岸管竹丝弦齐鸣——
哦！胜利的手势宣告
今日完全甩掉了忧和愁——

一切都在改变——
柔美的风吹绿了大地！
维纳斯的花园里——
堆满了玫瑰巧克力和红酒——

柳树下，有个少年闪出
开始分享他写的短诗——
请还是不要打断吧——
这甜蜜而又慌张的首秀。

致林徽因

遇着你，在一个清凉的四月天
灯火斑斓，夜鸟生出了翅膀
夜神饮完最后一杯红酒
朝着圣殿的方向开始祷告
方形的池塘里，一朵白莲花
在焰火里悄悄地盛开
一位打康桥路过的诗人
把满船的星辉洒在所有
必经的路口，那棵古柳下
守塘人望着星辉开始论道
这个春夜异常的寒冷
书桌前，手拿笔墨的匠师
亲吻了京城历代所有的牌楼
哦，又起风了——
白莲花轻盈地散向天际——
化作一缕缕极光照亮夜空

一朵云

远处飘来一朵云
一朵雪白的云
通体泛着温润的光芒
它的发丝随风摇曳
有时是一尾鱼
有时是一只鸟
在少年的眼帘里
魔术般上演

鱼儿，鱼儿——
自由的小鱼儿
给我一丁点儿魔力
我要穿越那戈壁荒漠
到达未知的圣地
膜拜心中的诗人
愿做一个书童
徒步在河汊沟涧

小鸟，小鸟——

快乐的小鸟
借我一丁点儿魔力
我要飞越那江河湖海
站在海岸的巨石上
遥望美丽的阿里山
愿做一棵翠竹
守护每一亩稻田

少年，少年——
一朵云下洁白的少年

雪国奇缘

在无垠的冰雪里
仅有一座方形的山
没有名号和入口
亦无零星植被
只有一间小房子
横在半山腰上
不高不低，不扁不圆
钟摆一样左右移动
获取必要的能量

少年住了多年后的
一个雪花之晨
走进来一个姑娘
手拿着转经筒
他们相互深情凝望
又默默不语
他们的呼吸异常一致
直至唤醒墙角沉睡了
几千年的一粒麦子

麦子竟生生地——
探出嫩黄的芽头
唱起清脆的歌儿
频频向他们点头致意
于是雪花也溜进来
跳起神秘的舞蹈
可少年和姑娘依旧没有
开口，只是深情凝望
深情凝望，凝望

晚春的桥洞

——读流浪女桥下产子新闻后

流浪人的港湾没有四季
如同荒漠里的胡杨
每天都要迎接新的挑战
或是未知的风暴
——不管你愿不愿意。
远去的故乡呵——
似那高楼里的烤肉
——不可望,不可即。
世界很大,大到找不到
故乡爹娘的住址。
世界很小,小到只有
桥洞可以遮风避雨。
都市的夜晚是个——
患抑郁症的美少女——
时刻美丽着——
时刻危险着——
晚春的桥洞里脚步匆匆

匆匆里小花儿摇曳
摇曳里雨水滴答
滴答里——浅红深白。

白杨林

那个夏天,
白杨林高大而浓密
矗立在寂静的山谷里,
我躺在最大的一棵树下,
眼帘浮现出你可爱的影子。

你的影子是一朵白云
摇曳在树梢、塔尖和山巅,
可是,影子很快便消失——
多年来再也没有消息。

此后,我开始飘游——
叶子随着河水奔出重重大山,
一切的烦忧——都被你的
青春的影子碾压无迹。

唉,我还是找不到这影子,
如同后来再没有见过雪白的云。

第二辑　心沐大千

不知怎么,只要看到白杨林
眼帘就会浮现出你的影子。

林间

当梅花落满南山
我在林间等你
那棵老茶树的旁边
有天使出没——
没有被禁锢的鱼和飞鸟
在自由穿梭飞越
你是唯一的见证人
当梅花落满掌心

路边蔷薇

路边的蔷薇高高挂,
年年开花在别家,
洪荒之力也无法够得到它。
像那历史的戏法——
总是惊人地重演,
凭你坚定如山它亦不作答。
高处的土地要栽花,
叫人如何种庄稼——
仿佛所有的道理最后
变成了漏网的沙。

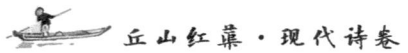

校庆八十周年

在你的每一天里都是愉快的
我坚定这个选择。不问西东
只要走在木兰路上就高兴。

早晚背倚岳麓面朝湘江
桃子湖,或岳王亭走一圈
有没有花开一样的神清气爽?

巨大的银杏树托起每一片
特别的叶子,每一片叶子
都在努力迎接着金秋的约定!

第二辑　心沐大千

暮色下的红旗

一直喜欢静静地走在
走在你飘扬的街口。
暮色沉沉,你在头顶
和心门持久涌动。

你接纳所有夜行的
灵魂。别人眼里
看到的是什么——
你就是什么。

黑夜总是暂时的
即使有时长久地心痛。
但,谁也无法阻止
——晨曦来临。

深秋之恋

当你漫步在二里半：
高大的水杉挽起发髻
洒下斑驳的晨曦，
娇羞的木莲随风起舞
拨动奋进的琴弦，
一池的秋水泛起涟漪
藏起少年的秘密，
南飞的大雁排成心字
传来远方的消息

天澄碧，风习习，
我悄悄地捡起一粒酸枣
轻轻地含在嘴里，
那丝滑浓郁的味道把我
送入秋梦的佳期，
还需要么子哩——
快斟满透明的酒杯
快复述昨日的传奇
快写下想你的小诗

天涯之歌

——游牧之歌

风雨路,
小径斜,
妙笔写春秋,
丹心唱芳华,
天涯一碗茶。

存浩气,
任尘沙,
今宵饮新月,
明朝卧云霞,
游牧到君家。

曾经的江湖

——致敬金庸

那个月夜,我骑在土墙上
紧紧盯着使降龙十八掌
和六脉神剑的两个人,
手脚不听使唤地狂张。

那个雪晨,我裹在羊袄里
为豪迈忠义和冰雪玲珑的
两个游侠儿悄悄落泪,
一度想远走西湖梅庄。

从那以后——
不再畏惧任何高高在上的
飞禽猛兽,或是某些假象!

因为江湖路远,岁月流长,
——没有永远的囚徒,
——亦无永远的霸王。

酸枣

当麦田在迷雾中沉沉睡去
人们也穿上了高领的毛衣
酸枣还高挂在枝头
一个不知疲倦的诗人
发出金铃般的吟唱

他外表坚强如铁
内心却柔弱纯净似水
昂着头站在至高处
迎接一个又一个过往的灵魂

在他的心里——
秋天远未结束
秋天也从未结束

新年音乐会

满屋子的小精灵
像极了昨日的雪花
悄悄带来春的赞歌。
生花的指尖下
流淌着静谧的溪水
汇入了新年的大河。
檐下串串明亮的
水珠,凝聚了整冬
所有的心事以及
世界最初的颜色。
我接住其中的三颗
作为元旦礼物
送给自己并希冀
打开生活新的一页。

山前春色

从每张纯真喜悦的
稚嫩的脸庞上——
我感受到年味
到来的讯息。

年关里一切都是
喜庆——糖果成堆。
连衣服的色泽
也是一样——

红的喜人，
粉的悦人。

午后时光

那是在一场漂亮的远足之后
阳光穿过枫树缓缓地
流进童年的城堡化身为
跳动的音符以及
一帧帧轻盈的图画
飞转的皮球传递着春天
最为动人的色彩
当衡岳的暖风再次拥抱
木兰路每一朵花时
有一群白鸽静静地
从这金色的城堡掠过

第二辑　心沐大千

这一天

总是从一个遥远的地方
踮起脚眺望——
另一个遥远的地方
总是将一种逝去的福分
储藏发酵变成——
另一种拥有的福分
那些个风浸雨侵的日子
在多年后啊——
已化作大河落日的清辉
洒在我的面庞

四月

四月闪烁在校园的
竹林花丛小亭
以及每一寸阳光
照耀过的地方,
有位先生曾留下
一串串饱满的文字
还有蓝田日暖的
故事——
如这伟大的宁静
纯粹深邃温情
滋养着二里半
每一个停留、走过
或路过的人。

行走之路

你沿着木兰路
穿过麓山路
和着熟悉又陌生的
节拍，从茶山路
走向目的地——
金色的稻田

广阔的视野盖住了
成长的阵痛
但你是风的孩子
随时准备出发
从这一贯的节拍里
牵走一个个心愿

此夜

所有关于秋老虎的记忆
在月圆之夜后戛然而止
那个讨厌酷暑的人
从风神那里取来铁扇
也取来几块寒冰

他常常游走在峻峭的山川
骑着烈马，戴着佩剑
手提一壶陈年杏花村
人们总是感到不解
只有星子在苍穹闪烁

秋日小花

你总是在我转身或低头时
轻轻地把笑容留给我
及我身后的全部身影,
好像秋日阳光洒满山坡
洒在牧羊人的脸上。
我走过大山蹚过大河
但总是被你感动,
像是无须多言的老友
静静地注视,守候。
朋友,如果你烦闷忧伤
感叹岁月的流逝,
请留意转身或低头时
这一汪清冽余香——
那是秋天的眼睛
那是真实的人生。

牧野的挽歌

淅沥的秋雨,洗去
披星戴月的疲惫;
迎风的灵幡,指引
春暖花开的天路;
金黄的橘子挂满整个
走了又走的山坡,
芬芳的美酒堆在那
不能再熟悉的墙角,
一切仿佛是昨日——
一切还只是开始——
心愿藏在枣叶露珠里,
甜蜜挂在孩童笑容里,
自己总是清酒一杯。
夜深了,太阳
坠入了大海——
山川永是安详,
梦境永是喜乐。

麓山秋夜

雨滴轻轻敲击着诗章,
夜的光芒出奇闪亮,
几粒酸枣从枝头飘落,
跌入黑夜无尽的网。

整个大地广阔而静谧,
有的萎缩,有的滋长,
有人在三个城堡里穿梭,
把生活的车轮转得当当响。

喜欢黑夜的人也喜欢
黎明,冒着腾腾的热气。
耳边总是军号声声:
咱当兵的人就是不一样。

又近深秋

在山后小湖扑面的荷叶上
我看见一只蜻蜓在空中盘旋
脚上沾着刺眼的水珠

它的光芒灼伤了我的左眼
还把我成年的心压碎
变成一湖渐行渐远的涟漪

凝望深秋

麓山下的枫树红了
在经过漫长的夏天之后
所有的时光——
愉悦，惊喜和苦恼
都凝结成了一抹微笑
挂在每片红叶上——
那有力的根茎
清晰的纹路
与日益扩大的年轮
随秋风闪闪摇曳
还需要什么语言——
呵！不需要了

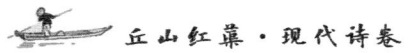

有关成长

窗前枝头上所有的叶子
都在时空隧道里飞行
年轮是一个个地标

这地标上描红的日子
快的像是一尾云燕
慢的像是一只蜗牛

有人在光里飞渡
有人在壳里睡觉
世上本无什么捷径

拥抱春天的孩子——
在冷雨中敲击句读
寻找诗的真正意义

请赠我洁白的双翼

请赠我洁白的双翼——
飞上云霄,忘记莫名的
无由的,一些忧伤。
我喜欢在天空中自由飞翔
让风从翼下飞速划过
不沾染半点尘埃。

我也喜欢停在雪山之巅
顺着山势随意滑翔——
采摘一些净地的鲜花
送给那赠我双翼的人。

年初晴日

阴霾，绵绵，被朝阳统统驱散；
年前宅到年后的孩子们——
终于在大江边留下久违的身影。

堤岸的芦花开出飘动的希望，
载着我们的祝福，一路北上。
摇摆的柳枝宣告着生命的倔强。

冰冷的世界再长终会过去的。
我们需要信任与信念——
看翠绿的春草不也铺地而生！

入夜，燎原星火在大江上下飞驰，
抵达九州四海千家万户——
危难之际，方显我华夏力量！

春之序曲

嗨！一切都会过去——
在厚重的阴霾
和层层的焦急中，
阳光倔强地冲出了
四个沉重的字眼。
冷清的校门
空阔的操场
随之活泼起来了，
像个孩子般
给世界重新涂上
艳丽的色彩。
那些闪光的词汇
"老师好！"
"同学们好！"
给了人间以力量，
也给了大人们
一粒粒定神丸。
一切都会过去——
大家划着岁月的船桨

犁开一道道苍白,
寻找着往昔的
那些个柳绿花红。
是的！没有什么可以
难倒勤劳的人民,
而美好的日子啊——
如同今晚张张笑脸
这样招人喜爱,
又萌发出久违的
一些诗意。

第三辑 神游四方

写下我烦嚣的忧伤——
沉进清冽的湖底。
然后,静坐在小亭上
等待那扇千年的石门
在不经意间开启。

第三辑　神游四方

黄昏漫步海河

斜阳打在脸上解构着秋意。
河水潾潾，柳叶纷纷扬扬。
白鸭缓缓游向堤岸，
犁开一道道闪亮的时间之门。
一只青鱼探出脑袋望望，
转身又潜入寂静的冰凉的龙宫。
我在一丛月季花前停下，
听它讲牛郎织女的传说。
天暗了，喜鹊匆匆返回巢穴。
远处船影飘动，向入海口
驶去，像一盏盏小橘灯没入旷野。
竹径尽头，我与弘一法师不期而遇。

西塘早春

宽敞的厨房像把手风琴
拉起一天美妙的乐章,
一串串跳动的火苗
述说着姥姥当年的故事。
崖边冒出的清冽溪水
映照着云朵的眼睛,
竹畔的大瓦房上白鸽翻飞,
金色光里,专有名词变得模糊。

街景一角

那诗歌弥漫的校园外
是杂文般的街角;
突兀的枝丫——
承载着每个生灵的念想。

一样的车马穿梭,
一样的买卖喧嚣,
寒潮飘过的国度——
这里依旧热气腾腾。

在沧桑的眼眶里
无所谓"德先生"或"赛先生";
活着就是王道——
除非紧闭上芳香的闸门。

多年后,或许这棵树死了,
但请不要悲伤吧——
因为,爷爷曾多次告诉我
——"不怕慢,就怕站!"

海湾

静默的海面,银鱼自由嬉戏,
远山在波光里或隐或现;
站在沙滩上冥想——
不为来世,不为前生。

骄阳因冬日备受青睐,
星月自海岸越发璀璨,
愿是一枚白色贝壳,
日夜守候着那一抹深蓝。

或是近旁的一株椰树,
瞭望,以战士的英姿——
向着浅浅的海峡,
向着美丽诗行的每个词语!

桃子湖

静如处子，
掩在丛林间，
只为有心人
犁开一道闪亮的门。

有时
是一支横笛，
有时
是一把古琴，
将幽深的心事
悄悄传播，
以云燕特有的
轻盈方式。

麓山之夜

就这样坐在窗前，很少言语
把兰花的淡香带进意象里
只管享用冬夜的清寂吧！
不要解释什么
也无须证明什么
既然，心的琴弦已发出
响亮的音符，传入夜空
传入身体的每一寸肌肤
那么，此刻需静心等待
山茶花，曙光，小榛子
或者冬雨，飞雪
——一切都是福报
——一切皆是修行

第三辑　神游四方

古驿之春

快来踏进这方沉睡的热土吧！
当你厌倦了都市的纷扰，
请将双脚还给土地和造物主。

我曾经多么地靠近古驿，
把"神奇"细细咀嚼
并收获了一个又一个春天。

而今，我常常奢望——
星星能够时常跑到我的窗前
洒下几粒调皮的种子。

老天之眼

爷爷曾告诉我——
"老天无处不在！"
在山谷，在河涧，
在葡萄架下，在白杨树上，
在熠熠闪光的庙宇内居住着。
我相信老天的眼睛
和人类的眼睛一样透亮，
——黑白分明，也易红肿。
我不由得敲起一面鼓，
企图唤醒这神秘的象形文字，
哪怕只是一点点也好。

第三辑　神游四方

乡间竹林

就像一只迁徙的沙雁
总是在温润的季节
不停地飞翔，飞翔。

在破土而出的竹笋旁，
有一些童话
正悄悄越过山坳一路向北。

我坐在突兀的树杈上
看林中的烟火袅袅升起……
听菜园的人们娓娓讲述……

然后，剪下一片云彩
轻轻贴在儿时的画板上，
怀想着齿间棉花糖般的味道。

就像一只迁徙的沙雁
明媚的日子里
总是不停地飞翔，飞翔。

湖畔春夜

独享这静静的春夜
在一汪水袖的桃子湖畔
在天鹅绒般的微风里
疲顿的身体挂在一棵香樟下……

我习惯地哼着泛黄的老歌儿
与一只白猫成了邻居——
我通天入地又守隅据边
将祝福送给每朵涌起的浪花。

夜鸟衔着《诗经》赶来赴约
白猫煮着陈年的普洱茶
我把粗疏的倒影搓洗干净
等待——
一个神秘的天使出现。

当水面犁开一条金色大道
一抹祥云缓缓而下,
欢庆的时刻即到——

第三辑　神游四方

我们要把一段段诗章传诵给——
每一个大地上的生灵及
天上的神仙。

沿阶而上

走起！伏案的朋友
不要拒绝，推开一切，
僵硬的身体需要
新鲜的沸腾的血液浇灌。

火雷乍响是春的序曲——
沿阶而上，不要回头，
就让一串串的小火苗
将每条疲惫的神经唤醒。

你在山水之间描绘
属于自己的生活图腾，
整个世界也是微笑的，
为——葵花般的年轮与岁月。

飞鹰正翻越祥云，
梭鱼正穿行大海，
走起！用双脚丈量幸福
并到达一片神秘的鸟语林。

湖畔精灵

湖畔走来了精灵般的你,
带着女娲娘娘赋予的小翅膀。

你在水边自由地嬉戏,
浑身散发出奇异的香味。

樟树下绿草如盖,
有三只白兔曾经路过歇息。

我做着春秋大梦的心
——于石桥下汨汨作响!

山行高原

明晃晃的印象
多彩而古老的山寨
荡漾在水墨里。
一条河流
默默地述说着它
传奇般的前世今生
并在悬崖边
刻下永恒的誓言。

我来了,大手牵小手
走在浸水的栈道上
走在成片竹林
与奇石铺就的迷宫里。
入夜时,我忘情地
瞭望长满星子的天空
喝下二两布依谷酒。

第三辑　神游四方

最是一抹蓝

我怀揣着异乎寻常的梦想
急迫地靠在你的身旁,
在蛇行万水千山之后,
在语言与文字短暂消解之后;

我什么也说不出来——
除了静静地听你每一声心跳
并把儿时的零星记忆
织成一幅淳朴的蓝色云锦;

多么愿是你深潭里的一朵浪花
或是岩缝里的一棵树,
把我的心缓缓地安放,
伴随阿哥阿妹相守一生
伴随瑶寨走过春夏与秋冬;

我想在平缓处搭间草屋,
每一个晨起昏落
都虔诚地读书与劳作,

认真对待发生的事情
和遇见的人们，
因为——自由的灵魂
永不衰老，永不蒙尘。

第三辑　神游四方

一条暗河

在百万年前的一个仲夏拂晓
在大地猛然的一个寒战之后
一股激流跃出暗室
向世界宣告了自己的主权。
暗室的房顶——
一些高高在上的硬骨头，
彼时已溃不成军；
大部分已消遁俯首，
剩下的被高高举起
成为一场大运动的吉祥物。
而今，我站在这图腾面前
竟泪花闪烁——
为奇绝壮丽的自然伟力，
为所有逆境奋进的人们！
尘烟未染的土地
总是令人向往与膜拜，
如同神秘的山寨
传递着上天的某种旨意。
其实，内心也是条河

时而澎湃，时而平缓，
但最终会归于寂静
——无比巨大的寂静，
就像灿烂的阳光照在
树叶、花蕊、屋檐和脸庞上，
无须言语，静穆至诚。

小镇的街市

甜瓜,刀豆,玉米,鲫鱼,还有
小龙虾,构成一个暖心的早晨。
我在街市上张望扎小辫的彩虹姑娘。

她从下游而来,不知是哪户人家?
当我们终于擦肩而过,我看见
一粒粒晶莹的荷露从她额头上飘落。

我感恩这样的遇见:
没有言语,没有修饰,没有停留,
没有彩虹与诗歌。
唯有这片鱼米香的土地朴素而清丽。

耳畔响起碎碎的银铃声,彩虹姑娘
消失在熙熙攘攘的人群中。滴落的
荷露还未风干,天空澄明,燕子翻飞。

山行半坡

当夜深人静
闷热消遁之后，
我走在通往
古寺的山路上，
月牙时隐时现
映照着长长衣衫。
从不回头的我
拾起一粒粒星子
装进麻布口袋里。
山顶太喧闹，
半坡樟树下的
石板桥最合适，
泉水叮咚
盛满光亮的碎片。
哦，请别开口，
以免惊扰倦鸟的
酣梦。

西塘

我已经来过多次——
在我们相识之后，那浓浓的
乡味留在齿间，棉花糖般
藏在简朴农舍的灶膛前。

一片翠竹，两畦新茶，
小河弯弯通向那鱼米人家，
我大口吃肉，大口喝酒，
把整个太阳挂在树梢上。

没有围墙和护栏——
"遇着是缘，来者是客"
粗犷的人往往拥有细腻的
心，播撒着城市稀缺的东西。

明年，我还会再来
点亮这有尊严的生命焰火，
并带来美酒，与家人——
度过平凡、幸福、安详的一日。

山巅哨位

在灰白浓密的云罅之间，
在高高的燕山顶上，
在挺拔的松树和柳树
粗犷的怀里，金色的落日
幽灵般地穿梭嬉戏，
而低矮的灌木是诚实的
观众——披着霜衣
送走一个个温婉的期许。
年轻的战士走下哨位，
将同样的期许交给
接班者——一个坚守十四载
从未离开山巅的老兵。

这里是城市的边缘了，
但——却是城市的脊梁。

凤凰山

震旦纪的冲天一跃
留下了今日不朽的姿态，
没有人知道之前——
沉寂的岁月有多久多久。

女娲娘娘将所有的宝物
小心地托管——
在虞舜南巡的一个雨天
曾取出过一件鸟纹衣。

前年的夏夜我看见——
两位仙子归还了宝衣
并亲手种下一株——
含有奇异香气的野橄榄。

晚春堤岸

不在河东,也不在河西,
在半方水乡的小岛之上。

天地,又回到了旧模样
如同遇见失散多年的故交。

酿酒师傅,卖花女孩,
几个憨实的西北汉子——

组成一道温柔的浪波
抚摸着孤寂的高耸的城市。

晨攀麓山

如盖的天空，
总有一个缺口
留给你或者是我。
苍黄的光线里
还有星星的
渴望入怀。
心在枝头起舞
或落入尘埃，
不要理会，因为
一切都是——
最好的安排。
站在林间
啜吟着岁月，
我重新拥有了
厚重的生命！
噫，一颗酸枣
悄悄滑落，
向天空诉说
爱与真。

岳王亭

在岳麓山静谧的触角上
一座小亭诉说着师大故事——
蓝田日暖,湘水北去……
仁爱身修,精勤业广……

过百年的银杏香樟昂着头
散发着无比崇高的光芒——
一切都在改变,
唯有人文的灵魂不消逝。

连蜡梅也顶着金黄的音符
在阳光里传唱那首歌……
"莫愁前路无知己,
天下谁人不识君。"

梦见灞桥

一个月牙高挂的晚上,
我穿过灞桥赴一场豪饮。
河畔,那个折柳的人手执长剑,
收割着每一缕飒飒的风。

我们纷纷落座举杯痛饮。
当霓裳羽衣舞奏响时,
枝头上许多的桃花
受到封赏似得一夜竞放如雪。

我沿河大醉而归——
看见有个出逃的宫女
踏上了唯一一只返乡的客船。

那船上划桨人用低沉的语调
唱起了《伊川歌》
——有桃花纷纷坠落。

清幽的山林

清幽的山林,树叶插上
金色翅膀翩翩起舞,
树干直上云霄,采撷
清露送给根下的蚯蚓。

飞鸟唱起和平的颂歌,
松鼠打着欢乐的节拍,
我的心房轰轰作响——
为这静穆而动人的时刻。

任何字眼都是多余,
我躺在一片叶子上
听着众神弹奏——
那两千年前轻快的调子。

——我静静地入梦了
宫商角徵羽——
金木水火土——

竹林半日

每一天都是新的一页，
与孩子们的每一页
都是美丽而值得回味的。
穿行在森林小径上，
阳光投下金色的影子
与竹筒下的火焰——
交汇成一帧帧欢乐画卷。
大自然的馈赠在
孩子们手里竟凝聚成——
香糯可口的竹筒饭——
洋溢着特别的微笑。
这微笑有极大的传染性——
从竹林到庭院到车厢
再到多年后的某个午后。

南大之夜

今夜就在这里,哪儿也不去。
美丽的金陵,煌煌校园。
我只想坐在大树下眺望星空。
听你讲述检验真理的标准,
听你述说蒋公的面子,
以及血泪透明的屈辱;
听你畅言革新冲锋的故事,
还有奏响时代的最强音。

滇池

终于抵达了所往的胜境——
在一路新奇的瞭望中,
在两行纯净的眼波里。
这次没有人来引领——
心灵就是最好的导游。
纷繁的世界甩在了身后,
水蓝蓝的,飞鸟掠过红日。

月姑娘与山神快乐对答。
凉爽的晚风滑过脸庞——
告诉我一些睡美人山的秘密。

丽江古城

我们用脚步丈量着古城热土，
土地上每个生灵都是天生的
诗人——将疲惫写成幸福诗行。

我们在每一个韵脚驻足玩味，
当硕大的星子向我们挥手——
金色的光从孩子的发际悄然隐退。

孩子们接受了上天的旨意——
在永恒的魂魄里打捞可爱标志，
送给那些已经或即将离去的游客。

第三辑　神游四方

拉市海

平川来的人们一踏上云岭后
便迷失在见山见水的茶马古道上，
石化的古道，久远的东巴文，
在响亮的马蹄声中又一次闪现。

有一片海曾追逐着马帮而来，
给疲倦的旅客捎来醉人的蜜汁。
当我驶入涟漪编织的镜子里，
这蜜汁的香气让我声声呼唤你！

我愿将所有的渴望投入你的
怀抱——谱成一曲民族奋进之歌，
并在你春天般圣洁的睫毛上
雕刻出人类所有美好的文字。

泸沽湖

太上老君的一颗宝珠遗落人间后,
大凉山剧烈抖动形成了一片湖。
波叶海菜花仿佛湖神的眼睛——
庇佑着摩梭人世代安居乐土。

白云常常穿一件纱衣来做客,
听湖神讲格姆女神山远古的传说。
燕儿衔草忙着搭建一座长拱桥,
减少阿哥阿妹幽会时的路途劳苦。

我看到镜面上有一队马帮刚刚
出发——在一场盛大的达巴道场后。
大松树下,老祖母手摇转经轮
——正朝着布达拉宫的方向迈步。

苍山

一只雪白的蝴蝶从潭水边飞来
闯入我久久不醒的梦境。

我看见,十九个阿鹏挥动手臂
将大块的云团收进背篓,

十八位头戴玲珑银饰的金花
跳着孔雀舞,长调悠扬,

身后的杜鹃花展开金色双翅
顷刻飞向玫瑰色的天空。

我从阿鹏背篓里抓起一片云
把双眼擦洗得特别雪亮。

洱海

海面上升起了一轮金色的月亮
映照着鱼群金色的鳞片，
也映照着一只石螺柔软的
心——存在于坚硬的外壳内。

夜深了，那片云还是不肯
离去——同一千多年前一样。
泉边的蝴蝶已安然入睡，
泉水从云下的山头叮咚入海。

我痴痴地贴近泉水用耳朵
倾听——一见钟情的意义。
轮回门前，我把月光的金色
收割进行囊，悄悄带回家。

大观楼

那一百八十个镏金文字
早已落在我瘦长的心门上，
星星般璀璨的渔火
倒映在无边的深蓝穹顶。

我的眼睛镶在每一个文字上
如满塘绽放的荷花上的露珠，
地域的世界总是有限，
心灵的荷塘——无比宽广。

当你为荒芜的麦田沮丧时
不妨就地种上一池荷花吧——
你给予它的，它会——
千百倍地奉还——

圣安古寺

总是第一时间踏上这块圣土
从零五年的一个下午开始,
那也是一个夏天——
太阳很高,有祥云飘动。

总能把愿望照进现实的切线上
交汇成一个个动人的奇迹,
在悲苦与欢喜的日子里,
在双手合十的佛光中。

我看见河东先生手执长剑
站在楞伽山上温习剑法,
并在一块石碑上刻下——
一代高僧传道弘法的光辉历程。

这时,我的心安静极了——
像山底一只蛰伏千年的金蟾,
不悲不喜,不生不灭,
任凭祥云飞鸟一掠而过。

河畔小池

一只只蜻蜓划过水面
激起串串粼粼波光,
似水晶葡萄从枝头
滑落进油油的草丛。
月光穿过大香樟
投进每一个瞳孔里……
我们骑着小摩
顺着河岸往家走,
粼粼的波光又滴落
在三个人的衣角。

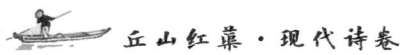

洞庭湖畔

天下的水烟波浩渺
天下的楼震古烁今

从没有到访过的范公
发出了千古一叹

六次泛舟湖上的李白
留下了醉人诗篇

岛上的一片片斑竹
铭刻着二妃的绵绵情谊

井旁的一个个浮雕
述说着龙女的凄美爱情

站在湖畔我默默遥望
七十二座螺峰秀丽安详

第三辑　神游四方

有一个声音传入耳侧——
这是你前世到过的地方！

双凫铺

多想建起三四间白房子
和你住在清澈的河畔,
种上一亩稻谷半亩蔬菜,
养上一池鱼虾半池睡莲
还有十几只鸡和鸭。
晨起牵手去劳作,
黄昏在梧桐树下一起
唱曲,读诗,看星星
悄悄滑进我们的衣袖。
在院子围栏边种满了
各式各样的鲜花,
每一个季节里
——都会为你盛开。
我喜欢栀子花,
用它装点所有房间的
每个必经的角落。
我们和太阳月亮做伴,
我们在稻田边酣睡。
有时朋友远道而来,

就一起做饭喝酒读诗
一起爬上山顶喊月,
一起沿着河岸唱响那首
——动人的情歌。
我们很少出远门,
我们相约一直到老。

天子山

就这样坐在岭上,静静地
忘情聆听飞鸟掠过山林时
所发出的清脆的赞叹。
就这样伫立峰巅,静静地
出神观望仙子剪裁云彩时
那熟练的灵巧的手法。
置身这神秘的岚岫,
我能感触到一种来自远古的
呼唤,穿过我的毛发
融进无限的追忆里——
那个提着竹篮采花的
小阿妹,誓言要将所有的
花瓣洒向神堂湾——
来祭奠心中的王子,
来祭奠即将得到又突然
逝去的美好爱情。

天门洞

我不知道有谁曾爬完
九百九十九级天梯
到达过仙界桃源,
或是遇见过守门麒麟。

我只想感受:梅花雨
滴入喉咙时的甘甜,
风扫龙竹时的声响,
飞机呼啸而过的疯狂。

长长的石阶上——
手持五味草的少年
牵着转动经轮的老人
消失在茫茫云海中。

金鞭溪

幽静的溪畔， 爬满野花，
东海龙女常常飞抵
漫游，野花遍地，
白色的裙摆起落有致。

山涧蝴蝶和蜻蜓纷飞，
龙女正看得出神，
竟没有发现迎面来的
峨眉小生，手持纸扇。

一阵清风吹过——
彼此的眼神在蝴蝶的
双翅上交会，两粒
酸枣从高空悄然滑落。

龙王震怒，将龙女关在
深深的冰凉的宫殿里，
令虾兵蟹将轮流看守。
但那一颗火热的心——

早已飞抵幽静的溪畔。
深夜,在水母的帮助下
龙女又见到峨眉小生,
思念的雨滴洒遍山林。

三月后的一天,野花
凋零,龙王怒将两人
点化成石——
把纸扇一点点撕个粉碎。

石桥

我看见七个仙子在通天的
石桥上翩翩起舞,
那绰约的身姿曾经那样
深深地印刻在我的梦境。
当时,我还是个少年,
常常跟着流云飞雨奔跑,
靠在一棵大松树下
描绘着天界壮丽的模样。
七个仙子就这样
飘入我蒙眬的视线里,
在一个雨打芭蕉的早上。
多年后,我离开大山
到霓虹的城市闯荡,
见过的风景都像是些
失去营养的薯条,
唯有这奇特的石桥
使我远离嘈杂安然入梦。

第三辑　神游四方

火山村

一万年前的一个拂晓
天空没有一丝云
鲨鱼结伴退至深海
大象成队远离密林

当第一缕阳光照耀
最高的那棵椰子时
那个手持火尖枪的
孩子把口中所有的

三昧真火倾吐个干净！
他不想什么长生不老
也不想做善财童子
只愿待在父母身边

做个普通的孩子——
日出而作日落而息
饿了吃饭冷了穿衣
慢慢长大慢慢老去

呀诺达

黑天鹅在一株芭蕉下
侧耳倾听巴戟哥叙说
砂仁爷生擒蟒蛇的传奇。
白天鹅在一棵椰树下
紧紧贴着槟榔妹唱起
那坡鹿回头的动人故事。
一只树蟹攀溪而上
穿过幽深狭长的山谷
寻找东坡遗落的小词。
我们静静地掠过
不敢发出丁点声响
生怕惊扰他们——
千古不变的梦想与秘密。

第三辑　神游四方

石干娘

母亲伫立在大路口,
常常从右边上山
从左边下塘,
日夜等候着远离
家乡的伢子们。
池面上浮动的影子
还是当初的那个少年,
来来去去的众生
带走各自的安好……
母亲,总是很慈爱。
世间总是无常,
而伟大的静穆——
需要坚定的信念
还有贴近
土地的忠诚。

八亩冲

毛公儿时的桃源
明净,纯粹
万物和谐共生
山之崇高
水之澄澈
人之安乐
融成灵魂深处
一首田园诗
谁到此——
都会变作诗中
美妙一阕

粤东晨曲

早晨流过脚面的浪花
冲来一只贝壳,
我紧紧地攥在掌心
向远处的维多利亚港祈祷。

美丽的港湾令人神往
焕发着勃勃生机,
可总有一些不和谐的音符
发出刺耳的声响。

应该知道——
海潮滚滚势不可当,
逆水行舟不过几个浪花飘过:
陆地才是最坚实的依靠!

曾是老兵的我,只要
祖国一声令下——
我将横渡香江与兄弟们
一道守卫那美丽的港湾!

塔佩门

街上有一位褐红色头发的老人
笔直地站在一棵大树下
向路人诉说着远古的事情,
那额头伟大静穆的皱痕
如同一本本断代史
甜蜜里藏着岁月的辛酸。

双龙寺

我是一只修炼千年的白象
背负着重大的使命——
将那万人膜拜的佛骨舍利子
送上高高的素贴山。

没有人知道——
我一路上经历了什么——
只有白银般的月光
常常滑过没膝的水面。

当我到达峰顶的那一刻——
世界仿佛遍生莲花——
我不禁长啸三声
倒向那朵最大的极乐之莲。

契迪龙寺

六只大象托起的金色天空——
有灵蛇盘旋其中——
没有人感到不安或恐惧。
往左边是慈悲,
往右边是自在。

第三辑　神游四方

帕辛寺

两条巨龙托起佛祖那
无比巨大的崇高，
斑驳的壁画存有王朝的
辉煌与安宁，以及
一颗炙热的孝心。
这颗心被安放在金顶
水晶莲花的中心——
庇佑所有的臣民
以及前来祈祷的人。

白庙

一束极光悠然划过苍穹
从佛祖指间投入小镇
那座泰式小楼里——
在暴雨后的子夜
在星月交辉的时刻

画家浸入到奇异之境——
四周飘浮着银白的佛塔
每个塔尖都镶有水晶
连草木飞鸟也是银白的
连他自己也是银白的

他跑向画室迅速拿起笔
勾勒出佛祖的启示——
将那一束银白的佛光——
留存在绿色的高原
留存在人们的心核

黑屋

我从未知的黑色世界而来
也终将回到无尽的黑暗,
我的思想只有处在鸿蒙之中
才具有开天辟地的力量。

聚光灯下会让人失去初心
所以我喜欢独守一隅,
三四十年我很少出门——
这让我保持了大地的本性。

天马山下

初秋的晚上,寂静的后湖,
草木上的夜露在灯火中闪烁,
一张张熟悉的可爱的面庞
又星星般闪烁在那露珠里面。

我们喜欢从忙碌的日子里
捕捉某些别人容易漏掉的诗意,
挺直的白杨,金色的麦浪,
那些突发奇想的另类旅行,

浮华背后点点滴滴的真实,
还有许多或清晰或模糊的记忆。
窗外的湖面浮起星星的眼睛,
岁月的双桨划出了道道印痕。

第三辑　神游四方

穿石坡湖

我时常到这半山之湖闲走，
尤其是静谧的秋日——
云雾缭绕的早上
或是清和明丽的午后，
一个人踏入这片净地，
看那湖面野鸭成对嬉戏
飞鸟成群掠过头顶，
听那风吹落叶沙沙作响
以及远处传来的琴声，
把心交给天空和大地。
我还喜欢捡拾几片叶子
写下你愉快的幸福——
挂在迎风的枝头，
写下我烦嚣的忧伤——
沉进清冽的湖底。
然后，静坐在小亭上
等待那扇千年的石门
在不经意间开启。

拜月坛

狮子头峰顶有一座
拜月坛——
男人正望眼欲穿。
每年只有一个
三五之夜可以
见到女人——
飘向蟾宫的主人。

太阳大战后
男人所有的心事
都为了这一夜。
恰似当初他
遇见那个温泉边
梳妆的少女。

而今——
唯独钟情于月亮
满满的月亮。

第三辑　神游四方

当最后一个太阳
渐渐西沉，
他便走上山岗。

七彩溪之云姑

她常常独自来到溪边，
有时会坐上一整天；
有时会把采来的鲜花
撒向腾腾的水面。

从小遍读诗书精通
音律的她，心游
万里河山，神交
古圣先贤——
梦想有一天定要
成为王的女人：
在男权的神坛上
树起一座丰碑。

后来，她做到了——
在沐浴了九百九十九次
之后，在一个
挂满彩虹的午后。

水库

曾氏故乡有一湾碧水
躺在山坳的中间,
宛如一颗剔透的明珠
将人与山勾连——

日月是她的眼睛
星星做她的衣衫,
她把上天的旨意洒在
山林与稻田,

把那些最深和最浅的
希望搂在臂弯。

有人在这里安居,
有人在这里长眠。

第四辑 魂系太行

还有低矮小屋里那一盏
永远明亮的灯——
无论我走得多远多难
都在头顶洒下
丝丝缕缕的光芒

春雨

春雨洒落在津门
弹奏着万千情思
也摇曳着游子的
望乡情
指南针往复转动
传递着幸福密码
路边走来了一对
年轻人
运河的歌声悠扬
岸上开满了花朵
芬芳的气味浸入
心脾中
雨水打湿了裤脚
微风抚慰着面庞
槐树下淌出一条
小花溪

干枝梅

一团一团艳丽的生命
绽放在峭壁上
在那寒冷的时节里
将早春的问候
频频传达——

纷飞的雪花
是她跳动的音符
劲吹的沙尘
是她悠扬的琴音
无意争宠——
却总是昂首向天

倔强的生命——
需要有钢铁般的意志
在漫长的寂静里
积蓄起足够的能量

这艳丽的倔强的花

将其一生——
交给冬天
交给春天

故乡恋歌

故乡，我的故乡
你用唐河水滋润我的灵魂
让我拥有质朴性灵
你用巍山雪擦拭我的双目
让我拥有高远情怀
我的血里
始终流淌着你的因子
我的梦里
常常浮现着你的容颜

故乡，我的故乡
每当想起你的时候
我的心就急促地跳动
每当别离你的时候
我的泪便不由得流淌
没有了你的爱抚
我显得多么疲惫
没有了你的哺育
我显得多么单薄

第四辑　魂系太行

故乡，我的故乡
我是你不老的魂魄
我是你忠贞的赤子
哪怕远隔千山万水
也永远属于你
属于你……

鞋垫

娘缝制的鞋垫——
简单漂亮,有大有小。
大的像一张信封,
小的如一枚邮票。
信封满载着娘的希望,
邮票传递着娘的祝福。

娘缝制的鞋垫——
线条流畅,有长有短。
长的似一条小路,
短的若一颗土豆。
小路承载着娘的辛劳,
土豆饱含着娘的心血。

娘缝制的鞋垫——
每一针都是一个牵挂,
每条线都系着儿女的心。
伴随着我们渐渐长大,
伴随着日头东升西落,

第四辑　魂系太行

坚定地走向远方……

如今，我们都成了家，
白发也爬上了娘的额头，
但娘依旧缝制着鞋垫，
一天一天，一夜一夜，
送给她的儿女孙辈们，
送给未来的未来……

呼唤

——致父亲

如此静谧的冰冷的夜，
远山的栈道冒着细碎的火苗，
我坐在池畔的木桥上，
呼唤着您的名字——用一腔乡音。
您是否可以听得到，在天国
那座青瓦房的厅堂里。
记忆收割着枯草，
我努力寻找着月光宝盒。
水面劈开一条小路，
我顺着走向命运的宫殿。
在红色铁门的石阶上，
光亮的记忆颤巍巍走来……

太阳花

——致母亲

你在白昼的切线上跳舞，
像团烈火，燃烧在母亲的
心原，披着鲜艳的红裳
戴着金黄色的王冠。
你在黑夜的洞穴里长眠，
像只松鼠，蛰伏在母亲的
床下，裹着一部《心经》
咏着小时候的梦呓。
孱弱的身体里
流窜着星星般闪烁的问候，
而母亲枕前的歌声
浸入问候里那么清晰
经久不息。

我想你

——致妹妹

我越来越走近你
一朵在天堂里盛开的莲花
芳香扑面而来
正如你的呼吸
那样急迫
我越来越靠近你
一朵在春天里绽放的桃花
水雾弥漫开来
正如你的影子
那般灵动
我还是来了
带着二十年的思念和记叙
我想见到你——
可除了泪水啊
还有什么可以代替

第四辑　魂系太行

等待

时针是一匹不知疲倦的老马
慢慢地踏过春雨夏荷
将冬雪的希冀带给每一个——
遇见，知道或不知道的地方
我坐在老马的脊梁上
摇着干瘪的芭蕉扇
送走一个又一个血色的黄昏
并将最后一缕晚霞
装进漂流瓶——带回家

郭外小溪

像一条美人发髻间飘飞的玉带
流淌在每个村民干涸的眼窝里
溪水冲刷着山郭的野蛮与粗粝
年复一年,永不停歇
低矮娇嫩的水草夹岸而生
构建起最真实的意象王国
在一个远游赤子的怀中
竟成了最明丽最清婉的一章
那些年一起狂飙的过往
如水草般肆意丛生,枝蔓交错
其实,我们都曾在幸福的路口
一再掠过

秋山

苍茫干瘪的山岗上
回荡着爷娘浓烈的高腔,

像是平地一声惊雷,
抖落松林里所有的尘埃。

徒步前行的身影,
把历史的车轮静静挪移。

一个倔强的小老头,
从未越过积雪的太白山。

厚重的云海翻腾,
洞开条条金色的天梯,

手拿谷穗的人们
捂着胸口缓缓拾阶而上。

荒草弥漫的墓碑前——
一只灰狼正咀嚼着露珠。

山楂

这些晶莹的火焰,
燃烧在河汊土梁上,
用浑厚的方言,
诉说着丰收的喜悦。

又似一个个斗士,
写下豪壮决绝的诗篇,
积聚所有的力量,
守卫着枝头的城池。

我打山坳走过,
眼帘闪现着太阳的影子。
喜鹊轻奏恋歌,
把日子装扮得热气腾腾。

停在千年古道上,
我收获了满口袋的蜡烛。
一根一根地点亮,
誓言要穿越皑皑雪原。

第四辑　魂系太行

那挂满枝头的英魂，
是指引我回家的图腾。

深秋

枝枝摇曳的芦苇,
是跳动的音符,
唱着熟悉的老歌。
天空红霞翻飞,
开出奇异的花儿,
在山巅,在云端,
在水天相连处,
芬芳着游子的梦。
深秋是个名词,
需要承载;
是个动词,
需要行走;
是个副词,
需要怀思;
是挥舞的麦穗,
是嘹亮的唢呐,
是出嫁的美人,
走到斑驳的柳树下,
弹起一曲童谣。

回乡

今晚,我终于回来了——
沿着玉米、土豆、高粱
和西瓜藤的小路
到达低矮的土坯老屋
扑面的油炸糕的香味
撞击着我久违的味蕾
那只老猫还趴在玻璃窗前
不停地四下张望

爹病了,身体弓成一座桥
我们一个个从这座桥上
走出沟壑,走向坦途
娘老了,依旧是一座山
承载着厚厚的希望
承载着儿女美丽的梦想
夜深了,耳畔响起儿时的歌声
星星般闪烁在窗前——
游子的心变得支离破碎

望月

黄昏时分,我坐在翠竹里
仰天望月——
一只小白兔打身后跑去
翘着尾巴洞入密林。

竹叶上站着许多小天使,
穿着银色的衣装
戴着银色的礼帽
围在木屋周围欢呼雀跃。

屋檐上生出许多无名小草
也加入到仰望的行列,
一只翻越山谷的灰鹊捎去
我一缕银色的文字。

第四辑　魂系太行

春花

素色的光线徐徐落下
从天际到每个枝丫，
到你遇见的每张笑脸。

我静静地看着你，
就像看着翻飞的朝霞
或是东山顶的圣女。

爷爷曾告诉我
"大山的子民不会老，
不老的人儿花一朵！"

我一直坚信不疑，
如同我认为路过的每个人
都有一颗春天的心。

农家小院

我的眉峰变得舒缓而优美,
在看见爬满西墙的番茄、黄瓜
青椒、葫芦和紫豆角之后,
在触摸到儿时的泥马、滑冰车
铁牛、弹珠和火柴盒之后,
在都市烦忧消遁之后。
我躺在那棵经年白杨下,
听老人们述说山村的风和云
听鹦鹉、喜鹊和芦花鸡鸣唱
以及大地匀速有致的心跳。
女儿稚嫩的脸如同身旁
鲜艳的太阳花清新喜人,
照耀着低矮的土屋
照耀着爷娘青绿的麦地。
这方寸之地抚养了四代人,
风筝线般拉扯着四方的儿女
——走多远都要回家!
对走出大山的人来说,
小院永远是青绿的麦地

第四辑　魂系太行

喂养着偏居的灵魂，
小院永远是精神的爷娘
把分散的枝丫紧紧聚拢。

北方的田野

午后五点十二分,村郭山梁。
明丽的阳光洒满大地。
我们行走在时光的边缘,感受
生存的意义。野花在
沧桑的矮墙上朵朵怒放。
翠绿像一片片流动的云
斜挂在每面可攀登或横卧的岩头。
孩童在赵武灵王的土地上
撒欢,笑声回荡在幽谷。
这些银铃般的碎片曾经伴随了
祖先全部的回忆,而今又被
一个游子深情吟咏。

当我度过十九个仲夏之后
走出大山,迈进军营。
夜深时总会无由地来到田野,
进入流云般的美妙梦境。
我记得每条河汊每块沃土的名字。
我记得村里每户人家的房子。

第四辑　魂系太行

这里没有雾霾与酸雨，
与天为邻，相安共生。
经年后，这辽阔的田野
总是或近或远地向我招手，
裹着浓烈的乡音以及父亲的烟蒂。
我明白，有些东西从未走远，
有些东西相随一生。
如同这灿烂的北方的田野。

六月的一个早上

在六月的一个早上，
窗户边，一片蔚蓝渐渐靠近
邀我回到童年的山坡。

布谷鸟飞翔在微风里，
奏响了一天的序曲，我成了
颂诗班里新的成员。

海子的太阳耀亮，
将大地紧紧地拥抱。
在那个以梦为马的年月。

转身，捡起一枚路人遗失的
格桑花——太阳系的精魂，
在一棵高大的梧桐下。

我流下了眼泪——
在这巨大深沉的静穆里，
在这奔涌不息的心泉里！

第四辑　魂系太行

雨后的山谷

雨后的山谷尚在酣睡，
眯着眼，呼着热气，
披着一件薄薄的纱衣。
云朵们却早早地梳洗完
拖家带口地赶路了，
个个庄重，个个虔诚。
因为，今天是他们的
祈祷日，谁也不能缺席。
我不敢冒犯，
采来一束火红的山丹花，
站在坡前一一目送。
此刻，太阳也跃身出门了，
远远地急速赶来，
像是奔赴一个盛大的宴会。
呵！太行山的清晨
还是这么熟悉这么美，
温暖着每个匆匆回家的人。

想念爷爷

黄昏七点半,时钟嘀嗒。我站在
窗前的台灯下,进入一扇门,
爷爷靠在门口的老槐树下
卷着旱烟,头顶着两片火烧云。

我一手持着四根檀香,一手拿着
精酿的老白汾,小跑至树下,
点燃一堆谷子秆,斟满酒——
祖孙对饮而尽,一队大雁掠过。

然后,我走出了那扇门,攥着
头雁遗落的一根灰色羽毛。

第四辑　魂系太行

娘的愿望

娘从太行山来的时候
那里已下过两场雪
当铁龙辗转驶到湘江时
蜡梅正暗香浮动

娘大半生在黄土地上劳作
几乎没有离开过山谷
直到儿女渐次长大
都有了一个安稳的小家

就在今天下午三点整
娘随妻子去了港澳
将父辈破天荒的梦想
一一装进口袋里

我指着窗外攒动的人影
低声对女儿说——
"我陪你长大成人，
你陪我横渡大洋。"

站台

站台上人头攒动——
竟说不出一句像样的话,
脚下的茶花开得正艳
——却闪出忧郁的眼神。

母亲的背影顷刻消散
——留下冷风肆意妄为,
所有的倔强瓦解——
只有铁轨在黑夜里狂奔。

——没有什么能阻挡
——别打搅今夜我的梦
没有什么可停止——
一切尽在那回忆中——

第四辑　魂系太行

北上者

铁龙缓缓开拔：面朝北国，
背倚潇湘。我与女儿飞驰
在一个个熟悉的地标上，
自豪地检阅着沿途必经的驿站。

白的浮云，墨的丘山，
赞美诗般爬满父女的眼帘。
我索性跳进词汇中，慢慢托起
那个四四方方的字眼。

老屋

总是不经意地惦记——
刻在心上的印痕
像旷野的玫瑰
伴着岁月愈加芬芳。

千万里的风景绝美
不敌娘一声呼唤,
檐下那黄糕的味道
使人温润如玉。

"最初就是最好!"
祖父践行了诺言——
用瘦小的身躯
托起脚下整片土地!

第四辑　魂系太行

你的名字

当苍山雪白的云海开始翻腾时，
我在佛都写下了你圣洁的
名字——如同三塔一样庄严，
从此，日日夜夜领受佛光的庇佑。

菩提树下你的名字香气环绕
——在诵经声中变得异常嘹亮，
我的心也系在高原了
——灵魂在一束束金光里洗涤。

同爹娘给我的一样——
我将连同这名字全部给你——
所有太阳升起的地方——
我会把你的名字骄傲地书写。

重逢

我大声歌唱,为着
那段创造希望的艰苦岁月,
太白老酒缓缓入喉
你的眼神温暖而坚定。
我们是白日的太阳
背负了育化大地的责任,
只有月亮高挂的时候
翻翻米黄色的日历,
但对我已是足够欣慰。
夜深了,我拨动着菩提子
在时针的尖尖上,
每一颗都代表我的祝福
送给那时的我
现在的你。

睡美人

——致太白巍山

你一直住在我的心房
虽然我半生远走他乡，
我知道春华忽逝
万物也耐不住沧桑。

白云唱着高腔
静候在你的身旁，
一只青鸟掠过
曲未尽，夜未央。

有多少话儿翼下藏
仰首河汉两茫茫，
长庚星前方闪烁
你的秀发依旧乌密绵长！

同学

我从未将你忘记
即使至今没有你的消息
就让岁月静静流去
我知道大多后会无期

或许已经擦肩而过
不必费心苦苦地寻觅
唯愿你康健幸福
偶尔子夜读读那首小诗

小城

子夜的小城慈爱宁静，
无数星星在银河里倾听
吃蓝莓的人解梦。

他拿着一个土黄色的
盒子——
盛满高原上所有的过往。

故事是粒粒种子
在盒子里惊人地疯长，
开出花朵是风铃的模样。

岸边茶几上两株风信子
唱着幽远的离歌——
好似有天使要悄悄临降。

我的高原

连绵的山川
挂在那天边边
飞驰的年轮
有你暖诗一篇

当初的少年
来自那山尖尖
行进的队伍
有我战刀高悬

漫长的日子
一切都在改变
唯有小窗前
依旧是月半弯

倘若有来生
许最好的遇见
美丽的高原
将泪眼儿望穿

第四辑　魂系太行

我是一片飘荡的云

我是一片飘荡的云
没有形状和根须，
驾着风这辆车
四处游走与停留。

美好时光总是短暂
似花儿转眼枯萎，
而少年也皱纹纵横
刻着岁月的忧愁。

一些话儿好像江水
太满了就会决堤，
一些痴心如同佳酿
喝多了便是毒酒。

过往已不能再追回
唯有祝福深几许，
如果那花儿已枯萎
我将不会再张嘴。

曾经

曾经崇山峻岭的金顶上
有一棵挺拔的雪松,
他只知道不屈地生长着
在布满风霜的高岗。

曾经冲出大山的卓绝梦想
鼓舞了少年一个,
他感激身旁每一个过客
——耀亮似那繁星。

但他清楚一个共同命题:
曾经也只止于曾经,
如同冰火无法和解
——相顾两茫然。

那就默默地向北祝福:
藏起那诗和远方——
生活是一首敬酒歌——
曲未终,人不散。

第四辑　魂系太行

纸钱

小时候，日子明丽得晃眼
爷爷常蹲在街口叠纸钱
将一个个金色的元宝
——塞满整条小木船。

再后来，日子艰辛又漫长
爸爸常坐在炕沿折纸钱，
像个丢魂的人——
大口大口地吸着旱烟。

现在，日子像小孩子的脸
爷爷爸爸却相继上了船。
我点燃买来的异地纸钱
请秋风把念想悄悄传。

我知道，我终将也化为
——纸钱——踏上木船。
我会为自己写下一首诗，
寥寥数笔，似一只纸鸢。

风之歌

呼啸的夜风吹过山岗
吹过我端着酒杯的手,
年华如花儿会慢慢枯萎,
那匆匆的脚步从未停留。

风捎来了北方的消息,
捎来你丁香般的忧愁,
青春似花儿会慢慢枯萎,
那瘦弱的影子不停游走。

风钻进了墙上的念珠,
钻进了我浅红的眼眸,
容颜像花儿会慢慢枯萎,
那最初的心门为你坚守。

第四辑 魂系太行

祖父

我总是喜欢默默地想起您，
想起您走过的那些路，种过的那些地，
喝酒时的姿势，被窝里的故事，
以及戏班里您手中木板敲击的声响，
以至多年后，我还是觉得您未曾
离开我一步，每天都伴我入睡。
梦中浮现的依然是——
那些羊肠土路，那些贫瘠的庄稼地，
那丰收时左邻右舍举杯的喜悦，
那赤手空拳打死一只狼的酣畅，
那片黄土地上糅在浓烈高腔里的
恰到好处的您手中木板发出的声响。

面人及其他

总有一些印记将人
带入沉沉回忆
总有一些物件把人
拉入孩提时代
比如刚出锅的花卷
和这一对面人
还存有娘与小妹
沾满面粉的
双手的余温
这余温也必将伴我
走遍往后的
千山与万水

第四辑　魂系太行

八角枕头

我和女儿站在长长的站台
背包里塞着两个装满
荞麦皮的八角枕头——
我一个，三弟一个。
娘说给孩子们夏天枕着
既凉快又睡得安稳。

不知道娘从哪天开始缝制的
从多少衣物上剪下各色布料
花了多少个日出日落
坐了多少次街头巷尾——
一针一针地把孤独的日子
拼接成儿孙夏天的梦痕。

黎明的祈祷

——写在母亲手术之晨

山前那巨大的黎明
带着深深寒意,
犁开金色的未来。

您疲惫身体里
那些顽固的石头
就要火速剥离。

那是经年累月的
操劳与担忧,
那是黄土地上
且苦且甜的印记。

我颤抖着签下
您庄严的名字,
如同我的生命
也从黎明悄悄裂开。

此刻,我默默地
祈祷,祈祷——

请大地之神
庇佑您一切顺利。

中秋之日

从新月到上弦月再到满月
我跋涉了好多年——
渐行渐远的土梁河汊
落满露水的西瓜地
苍劲笔直的大白杨

还有低矮小屋里那一盏
永远明亮的灯——
无论我走得多远多难
都在头顶洒下
丝丝缕缕的光芒

一路走好

——悼念姑母

这是个花草滋长的晴天
空气中穿行着凉的风
脚下盛开着鲜的花
黄土地上劳苦的女儿
踏着一片洁白的云
绕着熟悉的山山水水
奔向她的父母与弟弟
我祝福他们一家团聚
吃上饺子喝上酒
黑白安好四季无忧
而我就在遥远的地方
倔强生活,默默祈祷
直到太阳坠入大河
直到我们再度相聚

行走的脚步

从太白山匆忙走出来
我便开始了远行
带着一页诗章
和父辈沉重的叹息

没有罗盘指南针
没有羊皮卷
像一只出巢的山鹰
懵懂地扑向长空

繁华的都市是后人
堆砌起来的辞藻
我只稀罕高原上的
河汊和土梁

当脚步停下来了
我会在一棵无名花下
安然睡去
有春雪覆盖其上

第四辑　魂系太行

一片云

我是一片云——
总是喜欢四处游走
把那生命的小诗
写在浩瀚无垠的天空

我也喜欢栖身一隅
把崇高藏在南山之巅
将串串灵魂的风铃
系在每一只飞鸟的背上

我无相又无住——
随雨驻足，随风远行
在风雨之中叙述着
北方少年的深情向往

后　记

二十一朵干枝梅

　　我的心崖上开着一朵粉红色的干枝梅。我自打走出巍巍太行，摸爬滚打已二十一个年头了。

　　一年春，我独自走在北方高原蜿蜒的山路上，不时驻足于林深谷幽的胜景，峰回路转处，顺势抬眼望去，那峭立在崖上一簇一簇的粉红映入眼帘，在夕阳的映衬下，像是一团团火苗，燃烧在群山之中。我禁不住直攀而上，轻轻采下一朵，夹在随身携带的《随园诗话》里。回到住所后得知，这片粉红就是我为之倾心的干枝梅。它是那么纤细，那么柔弱，却撑起了随风摇曳的希冀。那天，我的心一直在枝头震颤，并坚定地认为这种美丝毫不亚于雪莲开在霜岭、流星划过苍穹。

　　记得孩提时，在父亲严厉的启蒙下，我下地或放牧时口里经常嚼着"床前明月光，疑是地上霜""天苍苍，野茫茫，

 丘山红叶·现代诗卷

风吹草低见牛羊"等诗句。回家后一到饭点,父亲就把我叫到跟前开始提问,答上来便上炕吃饭,答不出就罚站反复读写,直到背熟为止,有时因为性子倔免不了受点儿皮肉之苦。稍大,一次看到父亲当民办教员时用过的笔记本扉页上写着一首短诗,很有感觉,自己就爬上西房顶的晒谷场,照葫芦画瓢地也写出一首来。转眼到了小学五年级上学期,一次作文课上,大家写的都是散文,偏偏我整首所谓的古诗出来,搞得语文老师满腹纠结,同学们更是哄堂大笑,最后老师提笔"古不古,今不今"作结了事。为此,父亲没少在大人们面前训斥我,而我像是犯了错的沙弥需要在佛前不断忏悔方可得到谅解。但心田的种子已经唤醒了,春风一到,便可滋长。

考上县二中后,我像只飞出笼子的小鸟,每周骑着父亲淘汰给我的飞鸽牌自行车往返于城乡之间,一个人穿梭在丛林、田野与河干上。当小山城万籁俱寂的夜晚降临时,我总爱坐在自习室或躺在集体宿舍的竹板床上,从破旧的黄挎包里掏出一本《星星诗刊》浅饮低酌起来。要知道,那会儿的我没有什么零花钱可支配,吃饭是离家求学的第一需要,但

后 记

还是乐意饿着肚皮，一顿分作两顿吃，把从伙食费里抠出来的钱投向邮政局门口的小书摊，投向喜爱的诗刊。那些个黑白茫然的日子里，诗歌是我唯一的独立王国，我是唯一的王子，好比那崖头上的一抹粉红，俏也不争春，只慰少年困。那会儿啊，家乡的天瓦蓝瓦蓝的，棉花糖般的云彩横在群山之巅，杨树林松树林里盛产蘑菇。农闲时，我常跑到唐河岸边，铺上割草用的尼龙袋子，掏出钢笔和自制的白纸本，开始遨游在奇幻的独立王国，与屈原、李白、杜甫、苏轼，还有拜伦、雪莱、泰戈尔、普希金等豪士们隔空喊话，一边云里雾里地做着春秋大梦，一边试着写下少年青涩的诗行。这样的日子，弥足珍贵。

走出大山参军入伍后，我迈入京郊一个直线加方块的行列，翻开了人生新的一页。在成长的阵痛与欢欣交织中，我靠着学不有成誓不归的信念，日夜苦读苦练，硬是闯出了一条人所称道的路子——当兵提干。这期间，诗歌指引我度过一个个火热而忙碌的日子，将儿时青涩的梦幻照进现实广袤的土壤，照进了绿色的军营。还记得，在新兵营新春晚会上，

我忐忑地走上舞台,用蹩脚的普通话大声朗诵了自己蘸着雪花写就的一首军旅短诗,心里又惊又喜。这一"壮举"受到排长和班长的表扬,当然也有他人私下嘲讽,不管怎样心里还是很热乎的。下老连队后,我成了一名优秀的指令员,白天两点一线三班倒,夜深人静时,便跃入独立王国继续寻找属于自己的那朵干枝梅。这是属于我一个人的世界,冷暖自知,很少有人进来,我更不想出去。爷爷常说,路远不打紧,不怕慢就怕站,此话不假。第二年夏,在军区空军机关组织的建党80周年诗歌评选中,我有幸获得了第三名,老兵们顿时对我刮目相看。幸福接踵而至,两个月后,我的一篇短诗又在《空军报》上化为铅字,甭提多高兴了。这第一份铅字至今还完好地保存在我的剪报本上。于是,在无数个熄灯号响起的夜晚,我习惯于悄悄推开连队学习室吱吱咯咯的木门,钻进自己的那个王国,小心地呵护着那朵崖头采来的小花。再后来,我就上了军校,图书馆便成了我安放心灵的地方,我不管不顾地与李白斗酒,与拜伦谈诗,与雪莱泛舟,让贫瘠的根茎充分得到雨露滋养,写下不少日记体诗行,现在看

后 记

来非常稚嫩。军校毕业后，我相继辗转于高山海湾和长城内外，火热的连队生活激发了我创作的灵感，我的连队我的家，我赞美普通真诚的战士，赞美铁血的军旅生活，赞美中国军队的日益强大。透过诗歌，我直接触摸到了上古的新丰细柳、铁马冰河，触摸到了新中国发展的翻天覆地、日新月异，也触摸到了一颗颗年轻的奋进之心。

雪莱说："诗使它触及的一切变形。"是的，人类需要幻想，需要诗歌，需要歌颂短暂的永恒。正如悬崖上的干枝梅，虽然偏居山野，纤细娇小，但始终绝世独立、豪迈自信。也许是冥冥中注定了，部队转业后，我阴差阳错地又回到了学校，而且是在集聚了灵气仙气的岳麓山下，这是老天厚待我啊！在岁月静好的日子里，我真诚地面对生活，辛勤工作，努力学习，体验着上天实实在在的馈赠。如何不让青春的棱角被平凡的生活磨钝？我的方式就是用诗歌给生命存档。于我，写得好，或不好，大抵不怎么细究，搁笔了，短暂的永恒也完成了，写出来的每一首都是自己独立王国的孩子，怎么瞅着也顺眼。我甚至痴痴地认为，诗歌是灵魂在有节奏地弹拨，

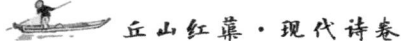

时而铿锵，时而低回，虽然大多是独奏，但串起来就是人生的乐章了。我思故我在，我的独立王国，君尽可纵马而来，亦可策马而过，若能停一停与我席地而饮，算是美事一大件了。

又一个疏影横斜的明月夜，我独自爬上山崖，在干枝梅下盘腿而坐，对着夜空发呆，遥望一颗流星匆匆划过天幕落在我的身旁。我摘下一朵粉红的梅花攥在掌心，深吸一口气，把它举上头顶，化作一生的风信旗。

庚子秋于岳麓山下